柄谷行人
『力と交換様式』を読む

柄谷行人ほか

文春新書

1410

柄谷行人『力と交換様式』を読む◎目次

I

著者と読み解く『力と交換様式』

「交換様式」という独自の理論で世界史を捉え直した『世界史の構造』から十二年、さらに思考を深めた『力と交換様式』（岩波書店、二〇二二年）では、「交換様式」がもたらす〈観念的な力〉に迫った。

集大成ともいうべき一冊はいかに書かれたのか。

そして「交換様式」の理論はどこから生まれたのか。

日本のみならず世界中で読まれる柄谷行人氏の思考の源泉に迫る。

「柄谷行人」ができるまで――「交換の力」を考え続けた六十年

二〇二二年十二月、アメリカのシンクタンクが「哲学のノーベル賞」を目指して創設した「バーグルエン哲学・文化賞」を、柄谷氏へ授与すると発表した。百万ドル（受賞時のレートで約一億四千万円）という賞金も話題になった。「交換の力」を考え続けたこれまでの歩みを語る。

『力と交換様式』

今回の受賞に際して、皆が真っ先に注目するのは、賞金の額のようです。そして、これだけの賞金をもらうんだから立派な仕事をした人なんだろう、と考える。私自身、やはり賞金に驚きました。この取材がきたのも、その力でしょう（笑）。賞を設立したバーグルエン氏は、この賞に「哲学のノーベル賞」としての権威を与えるには、ノーベル賞と同額の賞金を出さなければだめだ、と思ったのでしょう。しかし、選評からも分かるように、バー

グルエン氏は、事業家ではあるけれど、哲学について非常によく分かっている人なのですね。賞金の使い途をよく尋ねられますが、これほど大きな額のお金の使い方は、考えたことがなかったから、そんなに簡単には決められません。今回の受賞ではじめて、お金をどう使ったらいいのかを考えさせられましたね。

「アソシエーション」と私が呼んでいる、社会運動の組織を援助する資金ができた、とは思っています。アソシエーションには様々な形がありますが、協同組合や労働組合のようなものと考えてもらえれば、分かりやすいかもしれません。すでに二つのごく小さな組織への寄付を決めましたが、残りについては、おいおい考えていくつもりです。受賞が決まってから、為替も大きく動いたので、友人たちには「一番ドル高のときにもらえればよかったのに」と残念がられたりしました。皆、どうしてもお金の話にいってしまう（笑）。

「柄谷行人」ができるまで

柄谷氏は一九四一年、兵庫県尼崎市出身（本名・善男）。一九六九年に文芸批評でデビューして以来、著作を間断なく発表し続けている。善男少年はいかにして「柄谷行人」となったのか。

私は変わった子どもだったと思います。小学校に入学してから二年間、ものを言わなかった。教室でも家でもほとんど話さなかったのです。何かに深刻に悩んでいたわけではありません。対人恐怖症でもなくて、ただ何となく話さなかっただけです。その後、自然に話すようになりましたが、人前に出るのは好きではなかったので、それが文学になじんだことと関係があると思います。

家には読書家だった父の本が沢山あったので、自然と本を読むようになりました。父からは「本を読め」と言われたことは一度もなかったけれど、たぶん、私が本を読んでいたことを喜んでいたと思います。父は本当は学問をやりたかったのではないでしょうか。左翼的な人で、その類いの本がずいぶんありました。

繰り返し読んだのはアレクサンドル・デュマの『モンテ・クリスト伯』や、吉川英治の『三国志』などです。その他に、家にあったので、大人向けの文学全集や哲学書も、小学生のころから、読んでいましたよ。

――柄谷氏は西宮市にある中高一貫の名門、甲陽学院に進み、そこから東京大学文科一類

一に進学する。

小学校は地元の公立でした。自分が勉強できるとはあまり考えたこともなかったけど、高学年のとき、先生から私立校への進学を勧められました。「灘より甲陽のほうがいいよ」と。私はどちらも知らなかった。ちなみに、灘は白鶴、甲陽は白鹿と、どっちも日本酒の酒造が設立した学校なんですが、当時はまだ進学校として知られてはいなかった。私も知らなかった。

その先生は、旧制の甲陽中学で野球をやっていて、その後も少年野球のコーチをしていたのです。甲子園球場の真横にあったこともあって、甲陽中学は戦前から、野球が盛んで、強かった。阪神でプレーして、近鉄や大洋の監督も務めた別当薫も甲陽の出身です。

その結果、その先生の指導のおかげで、同じクラスから、三人も甲陽中学に行くことになったのです。中学以後も野球を続けたのは、一人だけです。北川公一という人で、慶應義塾大学を経て、プロでは近鉄に入団しました。しかし、私ともう一人は違います。その人は、文藝春秋の編集者になった、雨宮秀樹です。娘さんは、アナウンサーの雨宮塔子さんです。

私の場合は、ただ何となく甲陽に入りましたが、野球が自分に向いていると思わなかったから、中学ではやらなかった。かわりに、バスケットボールをやるようになりました。実際、高校のときは、キャプテンでした。

運動にも熱中しましたが、本も熱心に読んでおり、中学生のときにはドストエフスキーの作品をほとんど読みました。すべての書の中で、最初に且《か》つ最も影響をうけたのはドストエフスキーです。哲学者のデカルトを知ったのも中学生のころ。ソクラテスも好きでしたね。

でも、中高時代に、友人と、本の話や知的な話をしたことがありません。バスケットの友人はたくさんいましたが、彼らとは運動のことしか話さなかった。知的・文学的な友達はいなくて、一人で本を読むだけでした。

球技の他に得意だったのは、数学です。好きというより、たんにできただけですが、全国模試のようなテストで、一位になったこともありました。本番の大学入試でも、数学は最初の三十分で全部解けてしまって、あとは試験時間が終わるのを待っていた、というような生徒でしたね。でも、数学者になれるほどの天才でないことは、自分でも分かっていた。学問として数学をやるなら、そのくらいの年齢で大発見でもしていない限り無理だと

思っていましたから。

大学は東大へ行きましたが、それも先生に「なんで東大を受けないんだ」と言われたからです。それで、何となく行くことになった。そもそも大学へ行こうとも考えていませんでした。志望校を書く書類に、自宅から近い神戸大学と書いて提出したことがあります。要するに、大学に関心がなかったのです。

受験では、直前まで理科系を志望していたけど、将来の選択肢が減るから文科系にしました。当時、東大の教養課程は一類（法学・経済学）と二類（文学）の二つで、二類に進むと、やはり選択肢が減りそうだなと思い、文科一類を受けた。その後を考えれば、初めから人文科学を学ぶ文科二類に行っておいた方がよかったのですが。

駒場寮での日々

――大学へ進学後、柄谷氏は、まだ学生だった廣松渉（哲学者）、西部邁（経済学者、評論家）、坂野潤治（歴史学者）、加藤尚武（哲学者）らと交流するようになる。

受験のとき、駒場寮を見物しましたが、あまりにも汚くていやだったから、最初は東京

郊外の三鷹市にあった東大の学生寮に住むことにしました。入学してしばらく経ってから誘われて駒場寮へ移ったのですが、その部屋が学生運動の中心だったのです。

私よりも上の世代では、駒場寮には学生運動をしていた学生が千人以上もおり、二階すべての部屋がその手の学生たちで埋まっていて、北京通り、モスクワ通りというような呼び名があったそうです。が、一九六一年には、たった二部屋に減っていました。それが社研（社会科学研究会）と歴研（歴史研究会）の拠点で、私はそこに住んでいた。歴研が寝室で、社研が会議室でした。

実は、大学でも短い間バスケットボール部に入っていたのですが、デモで忙しくなり、部活動どころでなくなって、一ヶ月で辞めました。寮にいた頃は、毎日のようにビラを書いていましたよ。でもアジ演説などは苦手で、まったくしたことがありません。

よく私は、ブント（共産主義者同盟）という党派に所属していたと言われますが、当時はもう、正式に加入するような手続きはなくなっていたんです。一九六〇年の安保闘争のデモに行ったために、ブントの人たちと親しくなったけれど、ブントに入る手続きなどはなかった。たまたまそこに住んだ、という感じでした。

ただ、外からは、私が東大駒場を代表するように見えたらしい。駒場があの時代に特異

だったのは、他の大学とは違って、学生の大きなデモがあったことです。慶應はデモなんかしないし、早稲田でも少ない。デモが頻繁にあったのは東大だけで、それも本郷校舎ではなく、東大駒場が中心でした。だから本郷や京都からも、よく人が会いにきました。年上の西部邁や加藤尚武、廣松渉なども、寮までよく遊びに来た。

しかし、ふりかえってみると、付き合いがあったのは、皆年上ですね。中学、高校、実は大学でも、私には哲学や文学の話ができる知的・文学的な同級生がいなかった。今から思うと、大学の寮に、よくあんな人たちが集まってきたなと、不思議ですよ。政治運動のためというより、楽しいから、集まっていたのではないでしょうか。彼ら自身も風変わりでしたし、私にとっても、彼らといる空間は、とても居心地がよかった。

結局、私は東大で、本郷にあった学部では、経済学部に進みましたが、大学を卒業する時点で、もう経済学をやる気がなくなっていました。そのころ、私の関心は経済学とか、政治学とか、哲学とかいった既成の学問にはなくて、それらの根底にある何かを考えたい、と思ったのです。文学批評ならそれが実現できると気づき、学部で一年留年をして大学院の英文科へと進んだ。それから本格的に批評を書き始めるようになりました。

私は六九年に群像新人文学賞の「漱石試論」でデビューしましたが、じつはその前にも、

東京大学新聞が主催している五月祭賞というのがあって、評論部門で、六六年と六七年の二度佳作に選ばれています（二篇とも『思想はいかに可能か』〔インスクリプト〕に収録）。この五月祭賞は、小説部門で五七年に、大江健三郎が「奇妙な仕事」で受賞して大きな話題になったため、知られるようになったものですが、六七年に終了してしまった。しかし、私のせいではありませんよ（笑）。

その時点からペンネームとして「行人」を使っていました。本名（善男）がいやだったからです。その理由は、いうまでもないでしょう（笑）。

なぜ交換か

文芸批評を皮切りに、活動の幅を拡げた柄谷氏は、社会システムの歴史を「交換」の様式（形式）から分析する理論「交換様式論」に到達する。このたび授与されたバーグルエン哲学・文化賞でも、その功績が授賞理由として挙げられている。

「交換」という観点から社会システムの歴史をみる――この着想は、まったく不意に浮かびました。実家の尼崎の母が入院してお見舞いに行ったとき、バス停で待っていたら、ふ

っと思いついた。一九九八年のことです。

この理論は、別に難しいことではないんですよ。実際、私は、二〇一三年に、中高生向けに交換様式論について講義をしたことがあります（『歴史の読みかた』〔ちくまプリマー新書〕に収録）。交換というと、普通は物と物の交換を考えるでしょう。あるいは物とサービス、ないしサービスとサービスの交換を。いずれも自分が必要でないものを相手に与え、代わりに、自分の必要なものを受けとる。むろん、現在では物々交換はほとんどみられず、通常は売買、つまり物と貨幣の交換がされます。

しかし、交換の中には、それとは違ったタイプもあります。たとえば、人は、何かを贈られたら、負い目を感じて、お返しをしなければならないという気持ちになる。こういった交換は、今でも、お中元やお歳暮といった形で親族やご近所など、共同体の内部で行われます。人間は古くから共同体を作って生活をしてきたから、この交換のかたちは根源的で、未開の社会では、これが根本的な原理でした。

次に、意外に感じるかもしれませんが、国家と国民も一種の交換をしています。支配者は被支配者を服従させる一方で保護する。つまり服従と保護の交換です。国民は税金を納めるかわりに、その国の軍隊によって他国による侵略から守ってもらう。あるいは、富め

る者から多くの税金を取り、貧しい者へと再分配をするなどの例がわかりやすいでしょう。
しかし、国家もまた交換の形式においてあると考えた人はほとんどいません。多くの場合、国家は暴力によって国民を支配していると捉えられてきたからです。しかし、暴力による支配だけでは、国家は長続きしない。剣やピストルを突きつけられているあいだは言うことを聞くかもしれませんが、それは一時的なものですから。

柄谷氏は交換という着想を大著『世界史の構造』（二〇一〇年）で体系化して、次の四つに分類している。

A：贈与と返礼／B：服従と保護／

C：貨幣による交換／D：X

社会にはこの四つの交換があり、どれが支配的かによって、その社会のあり方が決まるとされる。

私が挙げた四つの交換様式のうち、いちばん想像しやすいのは、「交換様式C」でしょう。それは、先ほど交換の例として最初に挙げた、物と貨幣の交換であり、市場経済のも

とで行われる様式です。

現在の世界は、貨幣による市場経済（交換様式C）によって立つ資本主義、そして国家（交換様式B）の二つが巨大な力を持っています。そして、今のような社会のあり方以外を想像することすら難しくなっている。そのため、お歳暮をもらったらお返しをする、といった互酬交換（交換様式A）の力が非常に弱くなってきている。

ただ、この資本主義と国民国家が大きな力を持つ近代以降の世界は、そろそろ限界に近づいているのではないかと私は思っています。一つの理由としては、資本主義の発展に不可欠なものが枯渇してきているからです。天然資源ひとつとってもそう。

それは資本主義の限界というより、近代の社会のあり方の限界です。いまの私たちの社会は、経済的格差と対立をもたらす「資本制」、共同性と平等性を志向するが、閉鎖的で束縛的である「ネーション（国民）」、規制や税の再分配で格差の是正を図る「国家」という異なる原理を接合したものです。それを私は「資本＝ネーション＝国家」と呼んでおり、交換様式でいえばA—B—Cですが、その限界が近づいている。

現在の社会を超えるためには、現在の社会の内側から考えるのでは駄目で、別の社会のあり方を考える必要があります。それが四つのうち、最後の交換様式Dです。それは、人

間同士の根源的な交換のかたちである様式A（贈与と返礼）を、未開に戻るのではなく、C（貨幣による交換）を経た上で回復することによって成り立つものです。それが交換様式Dです。それが、未来において可能である。では、それはいかにして可能なのか。

互酬的な交換様式Aは、意図すれば実現できるものです。が、規模が小さいし、無力です。それを広げようとすれば、B、すなわち議会や政党、国家の力に頼ることになる。もしくは、C、つまりビジネスの力に頼る。それらに頼れば、そこに回収されてしまってAは消える。しかし、それらの力に頼らなければ、Aは小さいままにとどまるほかない。こういうジレンマがあるわけです。

一方、私が未来の社会として考える交換様式Dというのは、A（贈与と返礼）が高次元で実現される、つまり共同体的拘束はないけれども、助け合いがあるような、自由で平等な社会です。しかし、それは、われわれの意志だけでは実現することはできないのです。

Dとは具体的にどのようなものか、よく尋ねられますが、これまでの歴史で、Dは実在したことはありません。たとえば、台湾のデジタル担当大臣であるオードリー・タンは、私の考えに興味を持ってくれて、ビットコインのような自律分散型の経済モデルが交換様式Dにあたるのではないか、と提唱してくれた。

しかし、Ｄは、ビットコインのように「これが望ましいからそうしよう」と人為的に考えて、実現できる類のものではないのです。宗教的な響きになってしまいますが、それはこちらからやるのではなく、向こうからやって来るというほかない。こちらの力では無理だから。とはいえ、何もせずに待っていればいいという話ではない。

近年、日本にも、ＤというよりＡの高次元の回復を目指す兆候が見られます。長野に住んでいる知人から聞きましたが、最近は都会から長野へＵターンするだけでなく、もともとの縁がなかったのに、都会から長野に移住して、小規模の農業をはじめる人が増えているそうです。都会で職にあぶれたというわけでもなく、単に都会生活が嫌だから、移住してきたというのです。

資本主義的な見方からすると、「手間暇をかけて野菜を育てて無駄じゃないか」「機械を使って大量生産すればいいのに」と、バカみたいに見えるかもしれない。でも、多くの人が現に行動に移しているわけです。これは教育で起きた変化ではなく、自然に起きた変化で、今の社会のあり方の延長にはない、一つの可能性を感じます。

交換を成立させる謎の力

私が「交換」に着目するようになった源泉をさかのぼれば、大学へ入ったころ、時間があれば寮で読んでいた経済学者、宇野弘蔵の『経済原論』につきあたります。宇野は日本を代表するマルクス経済学者ですが、マルクス主義者が一般に生産を重視したのに対し、交換（流通）を重視した。その意味で、私は今も「宇野派」ですね。

物と物との交換は、簡単に実現することではありません。マルクスは〈交換は共同体と共同体の「間」で始まる〉と書いています。つまり交換とは共同体の内部ではなく、本来、見知らぬ不気味な他者との交換であり、それが成立するためには相手に交換を強制するような「力」が必要なのです。マルクスはその「力」を「フェティシズム」（物神崇拝）と呼んだ。

さらに、マルクスは、お金には物神が付着すると考えた。以来、お金というものが持つ謎の力が何かを理解するためには、交換という観点が不可欠だと、私は考えるようになりました。

最近になって気がついたのですが、私は、文芸評論や哲学的エッセイ『探究』を書いていた若い頃から、ずっと交換の問題を考えていたんですね。たとえば、言語の問題に取り

組んでいたときも、言語によるコミュニケーションを、一種の「交換」としてとらえていた。
コミュニケーションとは、お互いを見通せない中でなされる不透明なもので、それが成立するにあたって、個人の意識を超えて「人間を突き動かす謎の力」が働いている。私はこの「謎の力」を、十代の終り頃から、一貫して考えつづけていたということになりますね。そして、その鍵は常に「交換」にあった。

柄谷氏は昨年（二〇二二年）上梓した『力と交換様式』に「今後に、戦争と恐慌、つまり、BとCが必然的にもたらす危機が幾度も生じるだろう」と記した。ウクライナ戦争は国家同士の大規模戦争であり、コロナ禍では多くの国家が国民の行動を制約する事態が生じた。

世界戦争の可能性というより、むしろ、それが不可避的であることを、一九九〇年の頃から考えていました。その時期、ソ連の崩壊によって冷戦が終結し、世界は民主化するという「歴史の終焉」という説が話題になりましたけど、私はそれに反対でした。終ったのは、先ず、二十世紀後半に成立したアメリカの覇権です。つまり、アメリカの自由主義が

終った。それが「新自由主義」と呼ばれたものです。しかし、それは、実際は、「新帝国主義」と呼ぶべきものです。

　要するに、この時期に終ったのは、第二次世界大戦のあとの均衡状態であり、その後に生じるのは、世界大戦の反復です。実際、一九九〇年以来、われわれはそれを目撃しているのです。一般に、帝国というと否定的に見られますが、私は、帝国と帝国主義を区別したい。帝国は古代と中世にあったものであり、帝国主義は、資本主義以後に生じたものにすぎないのです。そして、帝国主義は、帝国を否定するものです。

　私は以前に、『帝国の構造』（二〇一四年）という本で、帝国主義とは異なる「帝国」について書きました。たとえば、ペルシア帝国、ローマ帝国、モンゴル帝国ほかの帝国では、異なる民族が、お互いのアイデンティティーを保ったまま、平和的に共存できた。

　このような「帝国」には前史があり、それが遊牧民の社会です。帝国は、遊牧社会にあった、国家や部族による差異・区分を超えて生きる思想を受け継ぎ、多数の民族・国家を統合する原理を持つにいたった。それに対して、近世以後の国民国家には、このような原理がない。したがって、自国中心主義、そして、民族紛争に傾きやすく、国家間の戦争が避けられないのです。

私は『世界史の構造』でも、旧帝国は近代以降の帝国主義とは異なると書いています。その意味で、今のアメリカやロシア、中国は帝国的ではないが、帝国主義的なのです。近年、世界の大国を悩ませている事柄は、実は帝国の段階から残っている遊牧民の問題にかかわるといえます。アメリカがアフガニスタンで、中国がウイグルで抱えている問題は、宗教や少数民族の問題だと考えられていますが、その根底に、遊牧社会の残存があるのではないか。ウクライナも、もともとはスキタイ系の騎馬遊牧民の多い地域でした。私は、こうしたことを以前から考えていたので、現在、起こっていることは、別に予想外ではなかったのです。

また、コロナ禍での国家の規制についていえば、普段は見えにくい「国家」の本性がよく見えるようになっただけです。多くの人たちが、国家の越権だ、デモクラシーはどこへいった、デモクラシーを取り戻せ、というようなことを言っていました。しかし、国家とは、もともとそういうものなのです。

コロナがもたらした「再会」

コロナの流行で、どこでも大なり小なり生活が変わったと思いますが、私の生活も変化

しました。たとえば、家に閉じこもるようになり、書評委員会や、飲み会や集会などに行かなくなった。講演会もなくなった。

じつはコロナの前に禁酒をしたんです。それまで、朝まで飲んでいるようなことが結構あったんですけど、数年前に飲み屋の前で顔から転倒して、そのときに、酒はやめたほうがいいと感じて、やめました。しかし、そうしたら、社交がつまらなくなってしまった。ただ、若い人には飲まない人が多いし、コロナのせいで飲み会もなくなったから、ちょうどよかったのかもしれませんが。

しかし、ずっと家の中にいたわけではなく、近所の多摩丘陵の名残りを歩き回りました。普段は三十分から一時間、長い時は二時間くらい。その結果、思いがけないことが起こった。一言でいえば、私は「いなか」に再会したのです。私の東京での生活は、三鷹の下連雀という所から始まりましたが、早くから阪急電車の小林一三が開発を進めた阪神間で育った私には、当時、まだ田園が残っていた三鷹の風景が新鮮にみえた。

私の初期の文芸評論を読んだ人は、私が近代文学を「風景の発見」として論じていることに気づいたはずです。明治、大正時代の、徳冨蘆花、国木田独歩、佐藤春夫、それに柳田國男らは皆、江戸（東京）の周辺の「いなか」を見出した、といえます。明治の近代文

学は、その点で、江戸時代の文学とは違います。

私は『日本近代文学の起源』で、そのことを書きましたが、私の思索の起源もまた、そこにあります。コロナ禍以後、私は、かつて柳田國男も歩いた多摩丘陵を同じように歩き回りながら、柳田のことや、近代日本文学についてあらためて考えるようになった。これは、出会いというより、「再会」ですね。おそらく、次の本のテーマは、この経験から出てくるでしょう。

講演「力と交換様式」をめぐって

國分功一郎（聞き手）×斎藤幸平（コメンテーター）

資本＝ネーション＝国家の三位一体から抜け出す交換様式Ｄはどうすれば実現されるのか？『力と交換様式』を書き終え、六二年前に探究を始めた東大駒場で最新の思考の成果を語った。

國分　皆さん、こんにちは。東京大学の國分（功一郎）と申します。今日は、東京大学「共生のための国際哲学研究センター」、通称、ＵＴＣＰの講演会にお越しいただき、ありがとうございます。本日は日本を代表する、そして世界的に著名な批評家であり哲学者の柄谷行人さんをお迎えしてお話をうかがうという素晴らしい企画を設けることができました。

僕は九〇年代に大学生だった世代です。当時、柄谷さんの批評に触れ、著作を読み漁っ

て、その延長上にいまの自分のキャリアがあります。そういう背景もあるので、今日は本当に楽しみです。柄谷さん、どうぞよろしくお願いいたします。

今日は、この（二〇二二年）四月から僕と同僚になって、今、一緒に東京大学駒場で教えている斎藤幸平さんにコメンテーターとして来てもらいました。斎藤さんもよろしくお願いします。

さて、柄谷さんにおうかがいしたいことはたくさんありますが、講演のテーマの副題を「疫病、戦争、世界共和国」と設定しました。現在、コロナに加え、あろうことかウクライナで戦争が起こっている。こういう状況の中で、柄谷さんの理論的なお仕事をどのように捉えて考えていったらいいのか。柄谷さん自身は、これまでの理論的な仕事から、今の現代世界、現代社会をどのようにお考えになっているか。特に近年、柄谷さんは生産様式ではなくて、「交換様式」という概念を全面的に打ち出されて、世界史を、現代の世界を、そして、これからの世界を読み解くという仕事をずっと続けておられます。その柄谷さんがどういうふうに現代世界を読み解いていらっしゃるのかということをぜひうかがいたいと考えています。

今日は最初に柄谷さんから少しまとまったお話をいただき、見取り図のようなものを共

有したいと思っています。それでは柄谷さん、お願いいたします。

基調講演

「力と交換様式について」

柄谷行人

1

私は『力と交換様式』という本を今年（二〇二二年）の五月に書き上げました。それは一〇月に刊行される予定です。今日話すのは、そこに書いたことの要点のようなものです。つまり、交換様式にかかわる問題です。最初にいっておくと、交換様式とは、つぎのようなものです。

A　互酬（贈与と返礼）
B　服従と保護（略取と再分配）
C　商品交換（貨幣と商品）
D　Aの高次元での回復

私が「交換様式」という概念を初めて述べたのは、二〇世紀の終わりごろ、『トランスクリティーク』（一九九八―九九年連載）を書いたときです。しかし、それを本格的に論じたのは、それから一〇年後に出版した、『世界史の構造』においてです。それから一〇年余りを経て出す今度の本『力と交換様式』は、その続きです。そして、そこには、これまでと共通するとともに、異なる点があります。それは、「力」という問題にあります。

それについて述べる前に、「交換様式」について、簡単に説明しておきたいことがあります。先ずいうと、交換様式なるものは、実は、私が言い出した概念であり、これまで言われたことがなかったものです。マル

基礎的な交換様式

B　服従と保護（略取と再分配）	A　互酬（贈与と返礼）
C　商品交換（貨幣と商品）	D　Aの高次元での回復

近代世界システム（資本＝ネーション＝国家の構造）

B　国家	A　ネーション
C　資本	D　X

クス主義（＝史的唯物論）には、生産様式という考えがありますが、交換様式はない。生産様式は、生産力と生産関係からなるもので、それが経済的下部構造と呼ばれています。そして、それが、イデオロギー的・政治的な上部構造を根本的に規定すると考えられている。また、上部構造は下部構造によって規定されるとともに、それから相対的に自律して働くものだと考えられています。

　最初にそれを主張したのは、『プロテスタンティズムの倫理と資本主義の精神』を書いたマックス・ヴェーバーだといっていいでしょう。彼は、宗教的観念、つまり、上部構造が産業資本主義の形成に大きく作用した、といった。しかし、ヴェーバーは、経済的下部構造の働きを否定したわけではありません。一方、マルクス主義者も、エンゲルスがそういっていますが、上部構造の相対的自律性を認めています。だから、今日ではもはや、そのことは問題にされません。と同時に、マルクス主義そのものが大した意味をもたなくなった、といえます。

　いずれにせよ、ここでは交換様式などは考えられていない。実は、私が交換様式と呼ぶものは、マルクス主義ではなく、もっぱらマルクスの『資本論』から得た考えなのです。そこでは、マルクスは、貨幣や資本の問題に関して、生産ではなく、交換から考えようと

した。つまり、商品と商品の交換から、貨幣や資本、つまり、マルクスのいうフェティシュ（物神）が成立してくる、と考えた。このような考え方は、マルクスに先行する古典派経済学（アダム・スミスやリカード）と異なるだけではありません。そもそも、マルクス主義（史的唯物論）の考え方とも異なるのです。そこでは、物神（フェティシュ）などは、たんに冗談として扱われています。

通常、マルクス主義では、生産が重視される。交換は二次的なものにすぎない。しかし、実は、そう考えるようになったのは、アダム・スミス以後です。それが古典派経済学と呼ばれています。たとえば、商人資本主義が中心であった時代では、富の増殖は、安く買ってきたものを高く売ること、つまり流通＝交換に見出していました。しかし、産業資本が成立した時期に考えられた、スミス以後の古典派経済学では、流通ではなく、生産が重視されるようになった。つまり、商品の価値は、売買によってではなく、それの生産に要した労働、そして、労働時間によって規定されると見なされたわけです。

初期のマルクスもそこから出発した。しかし、彼は『経済学批判』において、つまり、古典経済学への批判という意味なのですが、ある意味で、商人資本主義にもどって考えたといえます。つまり、生産から、流通、交換の問題に立ち帰った。『資本論』が示すのは、

商品から、貨幣、資本への発展です。

ゆえに、『資本論』は、資本そのものが商品となるとき、すなわち、株式資本が出現する時点で終わることになっています。つまり、これは、生産力と生産関係というような、史的唯物論の見方からは出てこない問題です。そして、マルクスがここで示そうとしたのは、貨幣物神、資本物神という、観念的な「力」が成立する過程です。そして、マルクスはそれを、ヘーゲルの論理学に忠実に従って書いた。自らを「ヘーゲルの弟子」と称して。

しかし、実際には、この本はヘーゲルの批判です。マルクスはここで、ヘーゲルがいう「精神」を「物神」と見なしたといっていい。要するに、『資本論』は、史的唯物論と無縁ではないが、まったく違った観点から書かれているということです。

2

ところで、私がこういうことを考えるようになったのは、実は、六〇年以上前です。それは、『資本論』を読んだことがきっかけです。それについて話そうと思ったのは、ここ、東大駒場で講演することになったからです。私は一九六〇年四月に東大文科一類（当時は、法経コース）に入り、また、ここにあった駒場寮に住んだ時期があります。駒場寮は、旧

制一高の寮（全寮制）でした。今世紀に入って取り壊されましたが、私がいたころは、寮には、たとえば、戦前から学生が書いた落書きが多数残っていました。実は、私も一つ書いたのですが、寮の廃棄とともに消されてしまった。寮が残っていれば、これだ、といえるのですが。

一九六〇年四月とは、あの六〇年安保闘争の最中です。そのあと、六月一五日に、国会デモで、女子学生、樺美智子さんが殺された。実は、その時点では、私は駒場寮にいなかった。私は最初、三鷹にあった寮に入ったのですが、安保闘争が終り、その総括をめぐってブント（共産主義者同盟）が分裂したあと、頼まれて駒場寮に移ったのです。寮の部屋は、それぞれ学生の希望するサークルで分けられていました。私が入ったのは、歴史研究会と社会科学研究会です。

実は、歴史研究会は寝室・書斎で、社会科学研究会は活動家の部屋でした。私はここで、『資本論』と宇野弘蔵の『経済原論』を熟読しました。そのとき、物の交換によって成立する「価値形態」や「物神」に注目するようになったのです。私がいう「交換様式」は、これとつながるものです。しかし、いうまでもなく、このことは、大学の講義とは無関係です。そもそも、私はほとんど講義には出なかったから。三鷹にいたときは、まだ学校に

行きましたが、駒場では行かなかった。そもそも、学校の中に住んでいたからです。寮生活が便利なのは、私が外に行かなくても、外から人が来たことです。たとえば、廣松渉（哲学）、西部邁（経済学）、坂野潤治（日本史）、加藤尚武（哲学）などが、よくやってきました。

私が『資本論』を熱心に読んだのは、そのような時期です。実は、私はその後、経済学部に進み、宇野学派の教授たちの講義を受けた。というより、試験を受けました。特に、鈴木鴻一郎教授の『経済学原理』は、試験のために、全体の構成を暗記するほど読みました。しかし、というより、だから、それ以上経済学はやらなかった。経済学では、もうこれ以上のことはできないとわかったからです。しかし、それを別の観点から考えようと思った。だから、哲学科に行こうか、と思ったりしましたが、迷ったあげく、一年留年して、大学院の英文科に進んだ。

その結果、文学批評をやるようになったわけです。実際、二七歳のとき、群像新人賞をもらって、以来、批評家になったのです。しかし、『資本論』に見出したマルクスの問題、つまり、交換の問題を、その後も考えていました。そして、三〇歳を超えたころ、『マルクスその可能性の中心』という長いエッセイを「群像」に書きました。ある意味で、それ

以後、私はその続きを書いているといってもいいでしょう。「可能性の中心」とは、実は、中心ではなく、周辺にあるようなこと、つまり、いわゆるマルクス主義にはないような何かです。たとえば、生産様式にはないような何か。今、私が「交換様式」と呼ぶのは、そういうものですね。それは、マルクスの本で言えば、史的唯物論ではなくて、『資本論』にのみある。

　しかし、私は、その問題を、経済学において追求することはしなかった。もちろん、『資本論』における「価値形態」という問題に注目していましたが、私がそのとき考えたのは、経済学的ではなく、言語学的な問題でした。つまり、交換を言語学的な次元で考えようとしたといえます。それはまた、言語学を別の観点から読み変えることです。たとえば、ソシュールのいうシニフィアンとシニフィエ（意味するものと意味されるもの）を、価値形態としてとらえなおす。だから、七〇年代から九〇年代にかけて、私は、言語論、テクスト論をやったといえます。

『マルクスその可能性の中心』がすでにそのような仕事でした。さらに、そのあとの仕事も同様です。つまり、それらは言語的交換（コミュニケーション）の問題にかかわるものであり、その意味で、文学批評と近い問題でした。二〇世紀の終わりごろまで、私の仕事

はそういうものだったといえます。しかし、そのあと、私は文学批評から離れた。つまり、世紀末に『トランスクリティーク』を書いた時点で、それまでと違った地点に立ったと思います。私が交換様式ということを言い出したのは、そのころからです。つまり、それは言語学や経済学という区分を超えて、その根底にある問題を問うことでした。

3

一般に、マルクス主義に対する批判は、経済的決定論への批判、そして「イデオロギー的・政治的な上部構造」を重視することに導かれます。その最初は、先に述べたように、ヴェーバーやフロイトです。もちろん、彼らはマルクス主義を斥けたわけではなく、それでは説明できない問題がある、といったのです。したがって、経済的下部構造だけでなく、政治的・宗教的な上部構造を考慮にいれなければならない、と。

実は、それに対して、マルクス主義者も反対しているわけではない。すでにエンゲルス自身がそういっていましたから。しかし、そのような観点では、経済において、貨幣・資本がもつ「力」を説明できません。さらに、国家や宗教がもつ「力」を説明することもできない。たとえば、エンゲルスは『空想より科学へ（ユートピアンより科学へ）』で、つぎ

のようにいっています。

《社会的に作用している力の作用は自然力と少しも変らない、われわれがそれを認識し、それを考えにいれぬ限り、それは盲目的で、暴力的で、破壊的である。だが、ひとたびわれわれがそれを認識し、その活動、その方向、その効果を把握すれば、これをだんだんとわれわれの意志に従わせ、これを手段としてわれわれの目的を達成することは、われわれ次第である》。

このようにいうとき、エンゲルスは、「社会的に作用している力」が、交換から来るものであり、「自然力」とは決定的に異なるということに気づかなかった。たとえば、国家は上部構造だと考えられています。確かに、国家の力は、自然力とは別のものです。つまり、国家の力は、武力、すなわち自然力とは別の何かです。そして、その力は、交換から来ている。実は、最初にそう考えたのは、『リヴァイアサン』を書いたホッブズです。が、そのことの意義を発見したのが、『資本論』におけるマルクスです。もちろん、彼が考えたのは、商品交換だけですが、そのとき、彼は他のタイプの交換についても示唆しているといえます。

私は『世界史の構造』で、先に述べたように、交換様式には四つの形態があるということ

とを指摘しました。その観点から見ると、マルクスが『資本論』で注目したのは、もっぱら交換様式Cです。しかし、そのとき、実は、彼はその他の交換様式にも着目していたといってよい。事実、マルクスが『資本論』で、貨幣の力、すなわち、物神が交換から生じることを書いたとき、彼は『リヴァイアサン』を書いたホッブズを参照したのです。

その意味で、「経済学批判」として『資本論』を書いたとき、マルクスが最も影響を受けた先行思想家とは、経済学者スミスではなく、政治哲学者ホッブズだったというべきです。ホッブズは、国家の力の根底に、ある種の交換を見出した。売買ではなく、服従—保護という交換です。服従すれば、保護される。そうでなければ、一時的な支配がありえても、それは長くは続かない。つまり、自然力とは異なるような「力」がなければ、続かない。

私は、このような服従と保護の交換を、交換様式Bと呼びます。そして、そこから、国家に固有の観念的な力が生じます。ホッブズはそのような力を、リヴァイアサンと名づけた。旧約聖書に出てくる、海の怪獣です。同様に、マルクスは、『資本論』で貨幣の力、すなわち、物神（フェティシュ）が商品交換から生じることを論じたとき、ホッブズを参照したのです。

ちなみに、マルクスの死後、二〇世紀になって、別の交換様式を見出した人物がいます。

人類学者マルセル・モースです。彼が見出したのは、贈与―返礼という交換様式Aです。モースが考察した例でいえば、贈与された側に、ハウと呼ばれる霊がつきまとう。それが、返礼せよ、と命じる。だから、返礼せざるをえない。そういう「力」があるのです。モースは、氏族社会、つまり未開社会に、そのような互酬交換を見出したのです。

ところで、モースは、社会学者デュルケームの甥であり、ある意味で忠実に叔父の考えを受けついだのですが、一つの点で叔父とは違っていた。デュルケームは、社会的集合意識に注目した。いいかえれば、それを観念的上部構造と見なした。それに対して、甥のモースは、贈与―返礼という交換、そしてそれがもたらす霊的な力に注目したのです。つまり、デュルケームが社会学者として、集団心理的な上部構造に注目したのに対して、モースはその観念的な「力」の源泉を、経済的下部構造、といっても、私が交換様式Aと呼ぶものに見出したといえます。その意味で、モースは、そうとは知らずに、マルクス的でした。

そのことに関して、注目すべきなのは、マルクス自身が晩年に、『資本論』を完成させる仕事を拒んで、人類学研究に向かったということです。つまり、彼はモーガンの『古代社会』について詳細なノートを書いた。そのとき、彼はそれを、史的唯物論からではなく、交換様式の観点から見たのです。すなわち、交換様式Aとして。氏族社会において、重要

なのは、諸個人の平等性だけでなく、諸個人の独立性です。それは、国家が成立したあとに形成されたような村落共同体には、ありえない。また、さらに、それが解体された後に生まれた「想像の共同体」（ベネディクト・アンダーソン）、すなわちネーションにも、ありえない。

晩年のマルクスがやりたかったのは、新たな観点から、共産主義について考えることだったといえます。このとき、彼は、未来の共産主義を、このような交換様式Ａの〝高次元での回復〟だと考えた。すなわち、交換様式でいえば、Ｄです。そこで重要なのは、平等性だけでなく、個人の独立性です。

それに対して、ネーションとは、Ａの〝低次元での回復〟だといえます。そして、それは、国家や資本を助けるものとして存続します。つまり、資本＝ネーション＝国家とは、交換様式Ａ・Ｂ・Ｃの結合体です。したがって、それを揚棄するということは、実は不可能です。そのためには、実は、交換様式Ｄが不可欠なのです。

このように、マルクスは晩年において、社会の歴史を、事実上、交換様式から見るようになっていたのですが、それを自覚していなかった。その結果、彼の死後、それは無視され、史的唯物論の下に消されてしまったのです。実は、似たようなことがエンゲルスにつ

いてもいえます。エンゲルスの晩年の仕事は、原始キリスト教史に関するものですが、これは一般には、まったく注目されなかった。誰のせいか？　それはむしろ、エンゲルス自身です。つまり、彼が書いた『空想より科学へ』のせいです。

4

エンゲルスの『空想より科学へ』は、いわゆるマルクス主義を要約したようなものですが、その中で、エンゲルスは、国家について、マルクスの理論として、つぎのように述べています。《プロレタリアートが国家権力を掌握すると、それがまず生産手段を国有にするのである。そして、こうすることは、プロレタリアートがプロレタリアートを止揚し、一切の階級差別と階級対立とを止揚し、そしてまた国家としての国家も止揚することである》。つまり、国家の力で資本を否定すれば、そのあと、国家の必要は無くなり、自然に消えてしまう、というのです。

このように書いたとき、エンゲルスが考えていたのは、のちのレーニン主義、つまり、共産党が国家権力を握って独裁するというようなことではありません。彼の念頭にあったのは、いわば、社会民主主義です。また、それを忠実に受け継いだのが弟子のカウツキー

です。しかし、一九世紀末にこのような社会主義者がヨーロッパ各国にいたにもかかわらず、それは、資本主義そのものがもたらす危機に対応できず、第一次世界大戦に呑み込まれていったのです。

その結果、その大戦に先ず敗れたロシアで、二月革命がおこった。そこで、議会や労働者・農民評議会（ソヴィエト）が生まれた。たぶん、このままで待っていたら、他国でも革命があり、いわば「世界同時革命」がありえたかもしれない。むしろ、それがマルクス主義者の主流の考えでした。しかるに、そのあと、ロシアでは、レーニン・トロツキーが率いた少数派のボルシェビキによる軍事的クーデターが起こった。それがロシアの十月革命と呼ばれるものです。

これによって、確かに、ロシアでは資本が抑えこまれた。が、国家の方は、徐々に消えるどころではない。それどころか、かつてないほどの力をもつにいたったのです。そのあげく、それがマルクス主義あるいは科学的社会主義だということになってしまった。もちろん、そのような「社会主義」は、一九九一年のソ連邦の崩壊とともに、決定的に終わりました。しかし、議会制民主主義を通して、資本・国家を制御していけば、将来的に、社会主義が可能なのではないか、という考えは残った。むしろ、近年では、それが唱えられ

ています。つまり、ポスト資本主義の可能性が。

しかし、私の考えでは、それもありえない。資本・国家・ネーションは、執拗に残るのです。それらは、それぞれ、異なる「力」によって支えられています。私は『世界史の構造』において、そのような「力」が、たんなる観念ではなく、交換様式から来る観念的な力であることを示す仕事をしました。そして、こう述べた。資本＝ネーション＝国家、つまり、交換様式A＝B＝Cを超えるのは、交換様式Dだけである、と。

5

幸いなことに、『世界史の構造』は、世界各地で支持を得ました。しかし、実は、『世界史の構造』を読んで共感し支持してくれた人のなかに、私は何か誤解があると感じました。それは、交換様式Dを、現在あるいは近い将来に、人間の意志によって実現できるものであるかのように受け取った人たちが少なくなかったということです。

一例としていえば、『デジタル資本主義』を書いた此本臣吾氏（野村総合研究所）がいます。これは興味深い本なのですが、彼は、デジタル資本主義を、「デジタル技術を活用して差異を発見・活用・創出し、利潤を獲得することで資本の永続的な蓄積を追求するシス

テム」と定義し、それを私がいう交換様式Dとつなげたのです。もう一つの例は、台湾のデジタル大臣、天才といわれるオードリー・タン氏です。タン氏は、私の交換様式論を一般に紹介してくれました。しかし、それは、私が意図したこととは、少し違っているのです。というのは、ここではDが、人間が知り且つ意図すれば実行できるものであるかのように考えられているからです。

しかし、実は私自身も、Dを人間が意図して実現できるものとして見ていたのです。私は、二〇〇〇年に、NAM（ニュー・アソシエーショニスト運動）という運動を始めました。それは、ある意味で、交換様式Aを拡大していけば、やがて、それがB・Cを超えるDに転化するという展望をもっていたからです。しかし、そうはいかない、ということに気づきました。そのとき私は、人の意志を越えて働くような力が、Dとして出現するのではないかと考えたのです。とはいえ、それは何もせずにDが来るのを待つということではありません。また、Aを拡げる活動を放棄することでもない。

一方、『世界史の構造』を読んだ人の中には、私がいうDを、人間の意志を越えた神の働きとして見る人たちがいました。たとえば、私は、アメリカの神学校やドイツの大学の神学科から講演を依頼されたのです。忙しかったのでことわったのですが、たぶん、彼ら

は、Ｄを神学的な問題として読んだのだと思います。それは間違いとはいえません。ただ、私はそれを神学の問題に還元したくなかったのです。

そのような経緯もあって、交換様式についてもう少し補足しておく必要を感じ、私は二〇一七年に、「交換様式論入門」という論文（日本語と英語）を発表しました（ネットで読めます）。そこで、私はＤについて、つぎのように説明しました。

> 　Ｄは、厳密にいえば、交換様式の一つではありません。それは、「交換」（Ａであれ、Ｂであれ、Ｃであれ）を否定し止揚するような衝迫（ドライブ）としてあるものです。そして、それは観念的・宗教的な力としてあらわれます。しかし、それは経済的なベース、すなわち交換に深くかかわるものです。だからこそ、ＤはＡ・Ｂ・Ｃに由来する諸力に対抗しうるのです。それは人間の願望や意志によって作られた想像物なのではなく、逆に、人間を強いる「力」をもちます。

　Ｄは確かに宗教的です。しかし、それなら、ＡもＢもＣもそれぞれ、宗教的なのです。たとえば、ヴェーバーは宗教を「神強制」と呼んでいますが、それは、神に贈与してそのお返しを強いる「交換Ａ」にほかなりません。国家も「交換Ｂ」にもとづく宗教だと

いえます。一方、交換Ｃは物神崇拝という宗教をもたらします。それは一見すると、非宗教的です。たとえば、今日先進資本主義国では、宗教を斥けるセキュラー化が進んでいます。しかし、これは宗教批判ではありません。それはたんに、新自由主義、すなわち、Ｃが支配的な物神となった状態を示すにすぎない。

このような考えは、『世界史の構造』の時点ではまだはっきりしていなかったと思います。だから、私は、それをあらためて考え直す仕事を目指したのです。つまり、交換様式から生じる力を、それぞれがもたらす霊的な力として見るような仕事をしようとした。それが今度の『力と交換様式』です。

そのように考えるようになったきっかけは、数年前に、デリダの本『マルクスの亡霊たち』（一九九三年）を読みなおしたことにあります。マルクスは、物神、亡霊、幽霊などという語を冗談めかして使った。たとえば、『共産党宣言』でも、冒頭のつぎの言葉がよく知られています。《幽霊がヨーロッパを徘徊している、共産主義という幽霊が》。これは、共産主義が観念的な「力」としてヨーロッパを徘徊している、そして、それを斥けることはできない、というような意味です。

デリダは、「共産主義という幽霊」のような例を挙げて、マルクスがその生涯において多くの「亡霊」たちと共にあった、と書いています（『マルクスの亡霊たち』）。のみならず、デリダは、このように徘徊・出没するさまざまな霊を考察するものとして、憑在《ひょうざい》論（hantologie）なるものを考えるにいたった（フランス語での洒落だから、日本語のみならず、英語にもうまく訳せない）。しかし、彼はそのような霊が、何であり、いかにして来たのかを示さなかった。そのため、結局、言葉遊びに類する議論になってしまったように見えるのです。

私はこの本を以前に読んでいましたが、その時は、こう考えていました。デリダは、ソ連邦崩壊とともに、マルクス主義は死んだといわれたけれども、マルクスという亡霊はまだ生きている、といいたかったのだろう、と。しかし、近年にその本を読み直して、そうだ、私がやっているのは、A、B、C、Dという交換様式から生じる、諸霊の考察だといえるのではないか、つまり、一種の憑在論ではないか、と思ったのです。

私はこう考えた。さまざまな霊的な力は、たんなる比喩ではなく、異なる交換様式に由来する、現実に働く「力」である。そして、マルクスは先ず、その一つを『資本論』において提示した。つまり、貨幣や資本の亡霊（物神）を、交換様式Cとともに生じた観念的

な力として考察する道を切り開いたのです。また、彼はそのような仕事を、国家を交換様式Bから生じた海の怪獣（霊）として見出したホッブズに見倣っておこなった。それなら、同様のことが、交換様式AやDについてもいえるはずです。

というわけで、私は最終的に、『力と交換様式』という作品を、交換様式A・B・C・Dから生じる諸霊を考察するものとして書き上げたのです。余談ですが、実は、私はこの仕事を、デリダの洒落を真似て、「社会化学《ばけがく》」と呼んでいます。いってみれば、化物についての社会科学ですから。英語の洒落にすれば、socialchemy でしょうかね。ただし、これは特に主張したいことではありません。ただ、交換様式から生じる観念的な諸力を見極める必要がある、といいたいだけです。

交換様式Dをめぐって

國分　非常に刺激的な講演をありがとうございます。柄谷さんも書いたという駒場寮の落書きが消えてしまったのは非常に残念です（笑）。講演の前半で、マルクス読みとしての関心と批評家としての関心が並行するかたちで仕事をされていたという話がありました。当時の読者としては感慨深く、思い出話以上の価値がある内容でした。

そして講演の本題としては、A・B・C・Dという四象限からなる交換様式を中心にお話ししていただきました。

僕が自分の専門に近いところで関心を持ったのはホッブズの話です。いわゆる贈与にあたるAと、いわゆる交換にあたるCは、贈与と交換という二項対立でよく語られるものです。ところが柄谷さんはホッブズの『リヴァイアサン』を参照しながら、国家を成立させる「契約」もまた、略取と再分配の「交換」であると捉え、これをBという形で位置づけた。ホッブズは「言うことを聞かないのなら殺すぞ」という形で成立した契約も有効であると言っています。なぜならば、一方は命を、他方は服従を得るこの取引は契約の条件を立派に満たしているからです。このBを持ってくることで、贈与と交換の二項対立の図式が、立体的な交換様式の座標として姿を現し、同時に、ある意味で謎めいたDの姿が、第四象限として見出されることになる。ホッブズに注目することで、交換様式の図の生成の系譜学が見えてきたように思いました。

講演の後半では、交換様式Dについてくわしく説明いただきました。やはり、このDがどういうものなのかが非常に気になるところです。

そこで少し補助線を引いて質問したいと思います。柄谷さんは、厳密に言えばDは交換

様式ではなく、宗教的な力として現れると仰っています。柄谷さんのお仕事を振り返ると、『世界史の構造』や『世界共和国へ』以前の仕事でも、実は宗教、あるいは信仰というものが大きな役割を果たしていたように思います。たとえば『探究』も世界宗教の話から始まっていました。

それを踏まえたとき、このDの現れと既存の宗教の関係をどう考えたらいいでしょうか。たとえば既存の宗教とDは共存するのか、それとも既存の宗教は変容していくのか。あるいは既存の宗教が、交換様式Dが現れるための基礎になったり、条件になったりするのか。

柄谷　難しい質問ですけど、むしろDと言うだけで、考えることが違ってくるんじゃないかと思うんですよ。これを「神」と言い換えると、違うところへ行ってしまう。戻ってこようとすると、Dと言わなきゃいけなくなると思うんです。だから神学の人たちも、Dという言葉に、興奮したんじゃないでしょうか。

國分　神学者も単にDと言えばいいんじゃないか、と。

柄谷　そうなんだけど、教団にいれば、なかなかそうはいかないからね。

國分　でも、単純に「神とは」と言い換えないほうがいいということなんですよね。

柄谷　そうですね。実際、神と呼ばれるものがDであるとは決まっていない。むしろ、

ＡでありＢでありＣであることがほとんどですから。

國分　ありがとうございます。私からもう一つ質問します。Ａ・Ｂ・Ｃが合体して強力に世界を支配しているときに、Ｄというものを考えただけで何か世界が変わって見えてくる。まったくそのとおりだと思うんですね。ではそのときに、どういう運動が考えられるのかということをどうしても知りたくなってしまいます。

日本の脱原発や、バーニー・サンダースの躍進、あるいはＢＬＭ（ブラック・ライブズ・マター）運動など、二一世紀に入ってから社会運動が盛んになっています。今の世の中で、柄谷さんの考える運動のあり方を教えていただけたらと思うのですが。

柄谷　社会運動というのは、交換様式でいえばＡだと思います。Ａは自分の意志や考えでできるものなんですね。だからＤとは違います。それで言うと、エンゲルスが言ったユートピアン社会主義者もＡでやろうとしていました。

私が二〇〇〇年に始めたＮＡＭ（ニュー・アソシエーショニスト運動）も文字通りＡの運動なんですよ。二〇二一年一月に私は『ニュー・アソシエーショニスト宣言』という本を出しましたが、そこにはＮＡＭについて書いた文章が収められています。それらは、資本や国家に依存しない協同組合のような運動に、理論的な根拠を与えようとしたものです。

ＮＡＭは組織としては解散しましたが、こういうアソシエーションの運動はどこでもいくらでも可能です。

私が知り合いになった運動家のなかに、面白い人たちが何人かいます。その一人が松本哉《はじめ》さんです。彼は『世界マヌケ反乱の手引書』という本を書いていますが、私が気づいたのは、「マヌケ」はＮＡＭとつながっているんです。ＮＡＭを逆にすればＭＡＮ、マヌケの頭文字三文字ですからね。実際、Ａをやろうというのはマヌケです。もっと利口なことをやれば、必ず国家や資本につながってしまう。マヌケは全然つながらないから、まさにＡの運動なんです。マヌケの賛同者は多いんですよ。朝日新聞の記者にも、近藤康太郎さんというすごいマヌケがいます。マヌケな人たちは、僕は好きなんです。本当にマヌケな人って、宗教的に優れているんじゃないかな（笑）。

國分　マヌケな人は宗教的に優れている。

柄谷　イエスを見てごらんよ。まったくマヌケですよ（笑）。全知全能のヒーローなんていうのとはほど遠いよね。

もちろん、そういう運動が世の中を変えることには究極的にはならなかったことは承知しています。究極的に世の中を変えようとすれば、国家、つまりＢになるに決まっている

んです。そこが難しいところでね。だから、Dは必ず来るけれども、それはこちらがつくるのではなく向こうから来る、と言うほかないんですね。長い間かかって、そんなことしか言えないのかという気もしますが、一〇月に出る『力と交換様式』という本もそういう結論になりました。

柄谷行人と『人新世の「資本論」』

國分　柄谷さんが、アソシエーションはDではないけれど、いくらでも可能だとおっしゃったのは、心強い言葉だと思います。マヌケな人は宗教的に優れているというコメントも印象的でした。

ここで斎藤さんにマイクを渡して、まとまったコメントをしてもらおうと思います。斎藤さんは、気候変動問題を強く意識して、切羽詰まった運動、必要性に駆られた運動に軸足を置きながら、マルクスの最新資料を文献学的に緻密に読むという作業を同時にやってこられた。そういう立場からすると、柄谷さんの講演についてもいろいろ考えるところがあるんじゃないかと思います。では斎藤さん、よろしくお願いします。

斎藤　実は、この場に「柄谷行人を呼ぼう」と言ったのは、私なんです。ダメモトでお

願いしてみたところ、ちょうど『力と交換様式』を書き終えて、コロナも少し落ち着いてきたということでお引き受けいただき、とてもうれしく思っています。

私と國分さんでは少し世代が違います。國分さんの世代だと『マルクスその可能性の中心』（一九七八年）の影響が強いと思いますが、私は『トランスクリティーク』（二〇〇一年）世代です。私が初めて柄谷さんの本を読んだのは、高校を卒業してアメリカの大学に行っていたときです。スラヴォイ・ジジェクが『パララックス・ヴュー（The Parallax View）』（二〇〇六年）の中で、『トランスクリティーク』を取り上げて「柄谷論」を書いていた。当時、学部の二年生で、柄谷さんのことは知りませんでしたが、「ジジェクに論じられている日本人がいるのか！」と衝撃を受けました。それで周りのアメリカ人に布教しようと、五人ぐらいで英訳版『トランスクリティーク』の読書会を半年間やったんです。

その後、私は宇野派に批判的な立場からマルクスを読んできたため、柄谷さんの解釈は宇野っぽいなと感じていて、研究上ではやや距離を取ってきた面があります。それでも今日、あらためて柄谷さんの話を聞き、共鳴する点がいくつもありました。

例えば、二〇世紀のマルクス主義では、上部構造・下部構造や歴史の発展法則、国有化によって社会的な力を管理していくといった、いわゆる唯物史観の名の下で語られるパラ

ダイムができあがってしまいました。けれども、実際にマルクスの『資本論』や晩年のさまざまな考察を見ていくと、そこに収まりきらないようなテーマがたくさん広がっています。むしろ周辺化されていたテーマこそが、マルクスにとっては中心的だった可能性がある。それがアソシエーションやコモン、贈与であり、交換様式で言えばAです。すると、価値形態論には収まらないテーマが二一世紀にマルクスを読み解いていく上で非常に重要になる。この点で、私の『人新世の「資本論」』は、柄谷さんがなさってきた仕事と重なるのだとあらためて感じました。

もう一つ。距離を取ったと言いましたが、『人新世の「資本論」』の読者の方から「柄谷行人は出てこないけど、意識しているだろう」という感想がありました。これは確かにそうなんです。一番わかりやすく意識しているところは、「四つの未来の選択肢」という四象限の図です。厳密に交換様式のA～Dと重なるわけではありませんが、私の場合、Dを「脱成長コミュニズム」と名指しています。

この図は、気候変動の時代に考えうる、四つの社会のあり方を示したものですが、まったくのオリジナルではありません。私の友人で、柄谷さんから強い影響を受けているジョエル・ウェインライトが『気候リヴァイアサン（Climate Leviathan）』という本で、やはり

四象限の図を出しているんですね。そこでは、気候リヴァイアサン、気候毛沢東、気候ビヒモス（主権が成り立たない野蛮状態）とあって、Dにあたるものは気候Xと名付けられています。その延長で私自身もXを「脱成長コミュニズム」と考えているわけです。

Dを待つだけでいいのか

斎藤　さて、ここまで述べてきたことに関連して、二点質問をさせてください。

一つ目は「脱成長コミュニズム」についてです。気候変動と脱成長をマルクスと絡めたXの姿をどう評価されますか。先ほど、柄谷さんがおっしゃっていたような協同組合や生協といったさまざまなアソシエーション運動には、資本主義の中にある内在的な運動もあるし、資本主義を超えていこうとする超越・超出型の運動もあります。私自身は、交換様式Cが広がり過ぎた現代資本主義社会において、Aに基づいた領域を拡大していくことによって、Dへの跳躍が可能になるのではないかと思っています。このビジョンは、二〇世紀型の革命によってプロレタリアの独裁をつくり、上から変えていくというモデルとは違う、まさにアソシエーション型のモデルです。私の本の中でも、コモンを広げていくことによって、コミュニズムに移行していくという道筋を提示しました。

今日は否定されましたけれど、柄谷さんの場合も、少なくとも『世界史の構造』くらいまでは、そのような変革モデルになっていたと思いますし、ＮＡＭもＤに向けた運動ではなかったでしょうか。というのも、この変革路線さえも手放してしまうと、私たちはもはやユートピアを構想・実践できなくなってしまうのではないかと危惧します。

そう考えると、私たちはＤの出現をただ待っているだけではなく、そこに向かって何らかの形でアソシエートしていくという主体的な行為がやはり求められるのではないでしょうか。さまざまな社会運動や環境運動にコミットしている身としても、そのような能動性は手放せないと感じています。気候崩壊のときに、Ｘ的な何かが生まれるかもしれない。でも、それでは間に合わないわけですから、やはり破局を止めるためのアソシエーションをつくり、それが資本主義を超出するような運動になっていくべきではないか。そのようなＤは、マルクスを扱う以上、コミュニズムであることは自明であり、私はそこに「脱成長」を付け加えたんです。

それに、柄谷さんの本に出てくる地域通貨やアソシエーションの話は、基本的に脱成長と相性がいいものだと思っています。そのような関心から、柄谷さん自身が、最近の脱成長の議論をどう思っているのか、というのが、私からの一点目の質問です。

二点目は、生産様式に関する問題です。私は、坂本龍一さんの「Ｄ」というプロジェクトを少しお手伝いしています。この「Ｄ」は、当然、坂本さんが柄谷さんの議論から影響を受けて出て来たわけですが、そこでよく「斎藤さんは生産様式だよね」という話になるんです。『人新世の「資本論」』でも、消費ではなく生産こそが大事なんだと強調したのは、当然、柄谷さんの議論を意識しています。ただ柄谷さんも、交換こそが大事で、生産は考えなくていいとは言ってなくて、むしろ交換と生産を対立させて考える必要もないし、これまでのマルクス主義は生産を重視しすぎたので、それを相対化する意味で交換様式の重要性を強調されていると思うんです。

　実際、ネグリ＝ハートらの議論でも、現代の資本主義では社会の全体が資本によって包摂されている以上、交換と生産をもはや厳密に区分できないし、統一的に考えなきゃいけないとされています。ただ、流通・交換のような話から出てくる抵抗のあり方は、やっぱりボイコットという形での消費者運動と非常に相性がいい。最近で言うと、ＳＤＧｓでいいものを買って応援しようとか、環境や人権に配慮しない悪い企業の商品はボイコットしようという路線ですね。

　こういうＳＤＧｓ路線に対して、ネグリ＝ハートは、最近の著書『アセンブリ

(Assembly)』で「社会ストライキ」という議論を展開しています。ストライキは生産関係に基づいた概念です。ネグリ＝ハートは、工場の中での生産という旧来の意味ではなく、広い意味での生産、すなわち生活を包摂するような資本の世界での生産を打ち倒すためには、社会ストライキが大事なんだという議論をしています。

なぜ生産様式がネグリ＝ハートにとって重要かというと、現代はデジタルプラットフォームが発展してきて、プラットフォーム資本主義への転換が起きているからです。GAFAMによる独占や搾取、富の収奪のされ方、あるいはレント（利用料）の収奪のされ方に注目すると、生産様式におけるさまざまな変化を考察することが重要になってきます。もちろん交換様式の四分類に反対するわけではないんですが、資本主義の現代的な変化を考える際には、この見立ては大きすぎて、資本主義生産様式の内部で起きている、資本蓄積のダイナミックスや歴史的変化をうまく捉えられないのではないかという懸念があります。なので、生産様式を重視したいという私の立場から、レント型の資本主義的生産様式を柄谷さんがどのように考えているか、お聞きしたいと思います。

國分　柄谷さん、いかがでしょうか？　一つは脱成長をどう考えるかという質問。もう一つは、生産様式という概念を使わないと説明できない、細かな資本主義の変化があるの

ではないかという質問になるかと思います。

柄谷　斎藤さんのように運動を考えている人には反対しませんよ（笑）。

斎藤　よかった。

柄谷　ただ、僕は政治的社会的にもっとひどい状態になるんじゃないか、ということを感じているんですよね。世界戦争や経済破綻などが起こるということです。そのことを私は一番早くから感じていたと思います、二〇年以上前からね。ネグリ＝ハートなんかは、アメリカのオキュパイ運動ではしゃいでいたからね。それが全部行き詰まってしまった。私はそのことはわかっていたから、彼らに冷たかった。子供が危ないことをやっているのを見ている親のような気持ちでした（笑）。

私は他の人たちよりも、ずっと悲観的だったのです。心情の上でというより、認識において。今度の本も、同じなんです。私が「こうしましょう、ああしましょう」と言ってもあまり意味がないと思うんですよ。

斎藤　気候変動も含めて、容易に転換できるような状況ではないと。

柄谷　しかし、Dが来る。向こうから来るといっても、もちろんやることはやらないといけないけれども、Dは自分たちが意図してできることではないんですね。

斎藤　もちろん、現在の日本における社会運動の停滞を考えると、コモンを増やしていけば自動的にAからDになるという話は、そこまで現実的でないかもしれない。柄谷さんがおっしゃっている「やってくるもの」を、私は「黒船」と言いますが、日本の中で自発的に社会が大きく変わっていくよりも、欧米からの環境規制とか、戦争のような外的要因に強制されるかもしれない。けれども、黒船がやってきたときにどうなるかと想像するんです。やってきただけでは、支配されてしまうかもしれないし、破壊されてしまうかもしれない。それまでに中から変えようとしていた人たちがいたからこそ、大きな転換が起きるのではないでしょうか。だから、Dが来るのを待つだけではダメではないかと思うのです。

帝国主義的な段階は終わっていない

國分　先ほど、柄谷さんはこれからもっとひどくなると感じられていたというお話がありました。それに関連して、ぜひ紹介しておきたいことがあります。柄谷さんは昨年、二〇二一年の末の一二月一五日に「談」という雑誌でインタビューを受けていて（本書第II部に収録の「可能性としてのアソシエーション、交換様式論の射程」）、そのなかで「今後、戦争が起こるだろう」とおっしゃっているんですね。ロシアがウクライナに侵略したのはそ

れから二か月後のことです。戦争の危機ということに関して、柄谷さんは理論的な根拠があって何か感じていらしたんですか。

柄谷　そうですね。九〇年代はじめ、ソ連が崩壊したときに、「歴史の終わり」という議論が流行りましたが、私はそうは思わなかった。むしろ、歴史は繰り返す、と思った。つまり、ロシア革命（ソ連）は第一次大戦から生まれたけれども、そのソ連が滅んでも、あらためて、第一次大戦のような出来事が繰り返されるだろう、と。特に、今世紀に入ってからは、遠からず世界戦争になるだろうと思っていました。ただ、そんな予想を宣伝したいわけじゃないし、当たってうれしいわけでもない。

國分　僕の考えすぎかもしれませんが、柄谷さんは四つの交換様式の図式以上の何かを感じていて、だから、「これからたぶん戦争が起こると思います」と、去年の末におっしゃったんじゃないかと思うんです。そこが柄谷さんの言葉の魅力なんですね。柄谷さんご自身の勘は、明らかにこの図式以上のものを受け取っていて、そこから言葉を発していらっしゃるのではないか。

柄谷　ありがとうございます。予言といえるほどのことではないですけれど、たしかに、自分が意識的に考えているより以上のことを感じとっているような気もします。

國分　最後に僕から一つうかがいます。柄谷さんは、文芸批評家としてスタートされて、その側面をずっと持ち続けている感じがしています。一方でいま柄谷さんは、「哲学者」という肩書きも使っておられます。昔からの読者からすると、柄谷さんが哲学者になってしまったことについて、少し違和感をもっている人もいると思うんです。感覚的にいうと、フィロソファーのほうが批評家より単純な感じがしないでもない。そこで、いま柄谷さんが哲学者と呼ばれること、あるいは哲学や哲学者ということについて何か思うことがあればお話しください。

柄谷　その点は何気ないことがきっかけです。「哲学者」を名乗ったのは、二〇〇五年に朝日新聞の書評委員になったとき、肩書きが必要だったからです。それまでは「文芸批評家」で通っていました。例えば、九〇年代の最後まで、私は「野間新人賞」と「群像新人賞」という二つの文学賞の選考委員でした。そこで私は多くの優秀な作家を世に出した、と自負しています。でも、二〇〇五年の時点では、文芸批評をやめた、と思っていましたから、批評家と名乗る気がしなかったんですよ。かといって、思想家は肩書きにできない。そんな人います？

斎藤　僕は「経済思想家」ですが……。

國分　「経済」がついているからね（笑）。

柄谷　それなら哲学者でいいや、と。それで哲学者になった。その程度であって、何一つ、私はその肩書きに拘束される理由はないんです。

國分　柄谷さんは二〇一二年に『哲学の起源』を出されました。近年の柄谷さんの本の中で僕が一番心を打たれたのはあの本だったんです。この本について、柄谷さんとも対談させていただきました（「デモクラシーからイソノミアへ」『atプラス』一五号所収）。あの本で柄谷さんは哲学が発生する瞬間のようなものを描いていらっしゃるような気がして、柄谷さんが「哲学」という言葉をお使いになるのも、そういうことと関係しているんじゃないかと思ったんですが。

柄谷　さっき言ったように、そんな深い意味はなかったんです。ただ確かに、私が哲学というとき、哲学を職業としての哲学と一緒にしたくないという気持はあります。たとえば、ソクラテスは職業的哲学者の対極にある人なのですが、ひどい目に遭っている。プラトンが描いたのとは違って、ソクラテスは街角で、すぐに一対一の討論に及ぶわけですね。『哲学者列伝』などにあるように、彼は相手を怒らせたりして、もうむちゃくちゃな目に遭ったみたいですね。殴られ、蹴られて。そういう哲学者が私は好きなので、大学の先生

とは関係ないですよ。

國分　そうですね。確かに大学の哲学の先生がやることと、哲学者がやることとは全然関係ないと思います。いま柄谷さんがご指摘になったように、哲学をやっていて意見が対立したら、身の危険を感じるぐらいのことは十分あり得るでしょう。斎藤さんはどうですか。たぶん殴られたりしたことはないかもしれないけど、環境問題とか意見の対立は激しいですよね。

斎藤　むしろ僕は、そのぐらいになってほしいです。日本では、気候変動問題に対しても、そういう抗議活動がまったくありませんから。

國分　ソクラテスが殴られたり蹴られたりのえらい目に遭っている、そしてそういう哲学者に自分は関心があるという話は、柄谷さんの哲学や思想を考える上でも非常に面白い論点だと思います。ありがとうございます。

質疑応答

——交換様式Dを自らの意志では達成不可能で、向こうからやって来るものと捉えてしまうと、人間の自由意志による能動性を無気力化してしまうおそれがあると思うんですが、

この点について、どうお考えでしょうか。

柄谷　Dが向こうから来ると私が言ったのは、何もしなくてもいいという意味ではありませんよ。むしろ大変な努力をして、それでもうまくいかない。でも耐えろ、ということです。だから明るくもないし、楽な道でもない。

たとえば、エルンスト・ブロッホが「希望」ということを言ったけど、彼は希望なんかあり得ないような状況で「希望」と言っているんです。決して先にいい状態が来ると考えているわけじゃない。それでもやろうということだからね。

中島隆博（東京大学教授）　本日は本当にありがとうございました。柄谷さんのご講演も非常に刺激的でしたし、國分さん、斎藤さんとのディスカッションも非常に考えさせられるものがありました。古い世代の柄谷行人読者としては、今日の議論の中で、ある種の起源への遡行が具体的に目の前で展開されたことに興奮しました。マルクスを論じながら、いや、マルクスは『リヴァイアサン』を読んでいた。そしてさらに遡行していくと、モースの問題にいくんだ、と。先ほど、『哲学の起源』について國分さんが触れていましたが、あれもイソノミアまで遡行していくわけですね。それを聞いて、ああそうかと得心しました。起源を遡行していったところに出てくる転倒の問題に、私たちは若いときに非常に心

奪われていたのだったと。

せっかくの機会なので、交換様式Ｄをこれからどういうふうな仕方で語るのか、ということについてうかがいたいと思います。たまたま今日、私は『ニュー・アソシエーショニスト宣言』を持ってきて、パラパラ読んでいました。その中で柄谷さんは、マルクスはヘーゲルを転倒したことによって、カントのほうに実は近づいた。ただ、単純にカントに戻ったわけじゃないということを強調されています。そしてカントの統整的理念の問題を非常に詳しく論じていらっしゃった。それが印象的でした。この議論はカントの普遍史の問題や世界平和の問題にもつながっていくわけですが、統整的理念を立てるということは、向こうからやってくることなんだと柄谷さんはおっしゃっているんですね。

一方、今日の講演やディスカッションでは、交換様式Ｄも「向こうからやってくる」と繰り返しおっしゃった。とすると、カント的な意味での統整的理念として我々はＤを語ることができるのであれば、もちろんそれは単なる未来における目的のために投影されるものではなく、過去の未来と言いましょうか、私たちが過去を語り直すことによって、初めて見いだすことのできる未来として論じられるんじゃないか。そんな気がしたんですが、いかがでしょうか？

柄谷　いや、すばらしい考えです。実は、私はカントのことはずいぶん長い間忘れていたんですが、最近あらためてカントのことを考えるようになった。とくにカントが晩年に語った「自然」についてです。カントは、『永遠平和のために』のなかで、社会の歴史を「自然の隠微な計画」として見ました。つまり、そこに、人間でも神でもない何かの働きを見出したんです。「自然」は、ヘーゲルの「精神」のようなものではないし、「神」の言い換えでもないと思います。明らかに物理的な意味での自然ですから。だけど、「自然の隠微な計画」は、単なる唯物論でもないわけです。私が考えた交換様式も同じなんじゃないかと思ったんですね。神が出てくるのではなく、交換様式Dが出てくる。Dは「自然」なんですよ。うまく説明できませんけど、カントは「神」という言葉をみだりに使わなかったわけです。「統整的理念」にもそういう謎めいたところがあるけれど、自分がやっていることはカントに近いということを、今度の本を書き終える段階であらためて思いました。マルクスは『資本論』で、ヘーゲルの弟子と名乗ったけど、違いますね。カントの弟子ですよ。

國分　中島先生、柄谷さん、ありがとうございます。そろそろ予定していた時間になりましたので、斎藤さん、最後に何か一言ありますか。

斎藤　私としては、Ｄの革命の必然性を取っ払ってしまうと、マルクス主義としてはどうなのか、ということはあらためて思ったので、この問題は秋に出る『力と交換様式』を読んで考え直したいです。

國分　柄谷さん、最後にいかがでしょうか。今日は学生もたくさん来ているので、最後に何か言葉をかけていただきたいと思います。

柄谷　私は六二年前に、この辺（駒場）にいたんですね。だから、そのときに考えていたことを今でも考えているんだなあ、と思いました。考えようと思ったわけじゃない、気がついたら、もうずっとそうやって考えてきていた。皆さんのような若い人たちと話して、そのことをあらためて思いました。ここに呼んでいただいてありがたいというか、よかったなという感じです。もう無視されてもいい年齢なんだけどね。熱心に聴いていただいたので、まだこれからもやろうという気持ちになりました。

國分　ありがとうございます。それは本当によかった。柄谷さんが『力と交換様式』という本をお書きになって前進なさっている姿を見て、僕らも力強い気持ちになれます。そして六〇年以上前にここで考えていたことを今もずっと考え続けているという話を、今、ここで学生のみなさんの前で柄谷さんが伝えてくれたことがすごく嬉しいし、ワクワクさ

せられました。
みなさんも見たとおり、柄谷さんのこの語り口、この身ぶり、思考の流れ、すべてが「柄谷行人」という人の思考をつくってきている。それを見ることができて、最高に知的に興奮しました。今日はすばらしい会になったと思います。

（本稿は2022年7月3日にUTCP〔東京大学大学院総合文化研究科・教養学部附属共生のための国際哲学研究センター〕の主催で東京大学駒場キャンパスにて開催された「柄谷行人さんに聞く〜疫病、戦争、世界共和国〜」を再録したものです）

構成　斎藤哲也

モース・ホッブズ・マルクス

六年の歳月をかけて取り組んだ『力と交換様式』。本書の元となった連載「Dの研究」について、そして交換関係から来る〈観念的な力〉に注目したモース、ホッブズ、マルクスについて語る。

宗教／無意識から来る力

――柄谷さんは、四つの交換様式から社会構成体を見るという視点を、『トランスクリティーク』で最初に提起されました。そして、それが人類の歴史の中で具体的にどのように働き、存在しつづけてきたかを『世界史の構造』において示された。今回のご著書では、そこからさらに踏み込み、交換様式Dについて、初めて詳細に分析されています。『トランスクリティーク』から、ほぼ四半世紀の時間を費やし、ひとつの問題に取り組み、〈一冊の本〉を書かれたといってもよいのではないでしょうか。この間には、そこから派

生したテーマを、『哲学の起源』『帝国の構造』『世界史の実験』『遊動論　柳田国男と山人』といった書物を通して論じてこられました。そうした論考を練り上げられる過程で進化してきた思考が、『力と交換様式』という一冊には詰まっている。現時点での柄谷さんのお仕事の〈集大成〉的な本になるかと思います。まずは執筆から刊行に至るまでの経緯を、お聞かせいただけますか。

柄谷　『力と交換様式』で主に書いていることは、『世界史の構造』で論じていたことと同じように見えるところもあると思います。もちろん、『世界史の構造』で提起した交換様式の問題について語っていますから、基本的には変わらないと、言えなくはない。題名にも「交換様式」とあって、そういう予想をして手に取り、読む人も多いのではないか。ただ、むしろ前の本とは違うことをいいたかったということです。

『世界史の構造』がどのように読まれてきたかということにも関わりますが、あの本は海外でも随分読まれてきましたし、いろいろな評価もされました。たとえば二〇一四年には同書をテーマとして、アメリカで学会が開かれた。また、興味深かったのは、神学者の人たちが強い刺激を受けたということです。あるいは考古学者たちからも関心を持たれました。その意味では、経済学や歴史学だけではなく、各学問の分野で、交換様式から考える

仕方が広がったんじゃないかと思います。今度の本が、それをさらに強固にすると思います。けれども、（二〇二二年）七月の東大の講演でもいったことですが（本書第Ⅰ部に収録の「『講演　力と交換様式』をめぐって」）、ひとつの誤解があった。それは今でも同じです。何かというと、交換様式Ｄに対する受け止め方に関して、少なからずの人の中に誤解があったということです。交換様式Ａの高次元での回復として考えられる交換様式Ｄを理想的な状態だとすると、それを目指していけばよいと見えてしまった。そしてＤを目指すならば、自分たちの意志でやっていこう、皆さん、頑張りましょうと、普通ならばそういう方向に行きます。社会運動におけるアジテーションのようなものです。結果、現在あるいは将来的にＤを実現させることができると考える。

しかし、決してそういうことを意図したのではなかった。交換様式Ｄは、人間の認識と力で達成できるものではないし、それに向けて何かすべきでもない。自然に任せて放っておけばいいわけです。ただ実際には、社会変革を目指す多くの人たちは、国家を使おうとします。交換様式でいえばＢですね。放っておいたら負けてしまう、自分たちが国家権力を持たなければ抑えられてしまうと考える。極端な例がレーニン主義です。負ける前に、先に権力を握った後に国家を揚棄する。結果どうなったか。国家の揚棄どころか、かつて

ない強い国家を作りだしてしまった。それがソヴィエト連邦です。

その後、ソ連邦の崩壊があり、東西冷戦の時代が終わりました。一九九一年のことです。あの時、「歴史の終焉」ということが盛んにいわれていました。民主主義と自由主義経済が勝利し、世界平和と安定が訪れる。今後、世界的な戦争や歴史を変える大事件も起こることはない。そんなことがいわれた時代でした。ひとつの歴史が終ったように見えたわけです。しかし、終わるどころの話ではなかった。

民主主義と自由主義経済によって歴史の終焉となるのか。一切なりません。国家は残ります。資本ももちろん残る。何も変わることはない。その証拠は、現在の世界情勢を見ればよくわかります。〈世界戦争〉が迫っている。既に起こっているといっていいかもしれません。このことを予見していた人は、それほど多くはない。私が知る限りでは、エマニュエル・トッドがそうだったと思います。ただ、トッドも難しい問題を避けながら語っている。彼は、婚姻形態や家族制度の次元から世界の歴史を見ていきますが、そこで、どのような力が働いているのかということについては、説明していません。物理的ではない何かの力、それは見えない形だけれど、この社会の中で確かに働いている。「霊的な力」といってもいい。そのことを、今度の本では主に論じています。

そうした力に注目したのが、たとえばマックス・ヴェーバーです。マルクス主義における生産様式に基づく決定論、つまり経済的下部構造が上部構造を決定するという理論に対して、その考え方には限界があると批判をした。経済的下部構造ではない力の働きがあり、それが資本主義の発達に寄与した。ヴェーバーによれば、宗教的観念である。また、フロイトもマルクス主義の考え方を批判したひとりです。経済的な力ではなく、フロイト的にいえば、無意識から来る力がある。人間が意識していない、あるいは人間が考えたものではないような力が働いていることに、フロイトは注目しようとした。もちろん彼らも経済的下部構造の決定論を認めている。一定の生産力、生産関係が発展してくると、それが社会を規制する。そのことを当然認めています。しかし、それだけでは説明できない何かがある。ヴェーバーであれば宗教であり、フロイトであれば無意識から来る力であって、そこから政治経済的な次元の秘密を探ろうとしていった。

交換様式B（服従と保護）

柄谷　けれども、マルクス主義者、たとえばエンゲルスにしても、そのような力、上部構造の自律性は認めています。マルクス主義が一方的な経済的決定論になってしまったの

は、レーニン以後です。エンゲルスぐらいまでは、そうはなっていなかった。ただ、重要なのはそのことではない。問題は、経済というものを生産様式だけで見ていては、わからないことがあるということです。私が考えたのは、交換様式から見ていく視点です。交換様式で見ていけば、経済的下部構造が作り出す力があることがわかります。交換様式Cから来る力ということです。それ以外にも、交換様式AやBから来る力があります。『力と交換様式』は、そのことをきちんと考えたいと思ってはじめた仕事です。

　書いている過程でわかってきたことがあります。物と物を交換し合う交換様式Cから出てくる力、それをマルクスは「物神（フェティシュ）」と呼びました。そのことは一応知られてはいます。しかし単なる冗談だと思われ、深く考えられては来ませんでした。マルクス主義者はマルクスを読みますから、フェティシュという概念があることは理解していますが、それが交換から生み出される力であることの意味がわかっていなかったと思います。だから、これまでフェティシズムの議論がまともになされて来なかったわけです。

――日本のマルクス経済学者も、そのことについて、ほとんど考えて来なかったということでしょうか。

柄谷　廣松渉だって無視しています。宇野弘蔵も実際には無視している。ただ、『資本

論』の特異性にだけは気が付いていた。そして、その特異性が価値形態から来ることは理解していました。しかも、交換の形態から出て来る物神というものが、結局は資本にまで付着する。彼はそのことをはっきりさせた。けれども、それ以外のことはやらなかった。経済学者だから、経済の面だけ考えていれば済んだのです。

　しかし国家にしても、同じように交換様式から来る力によって考えることができます。暴力によって国家ができると思ったら大間違いです。そんなものはすぐに潰れる。国家を短期間ではなく長期的に存続させようとすれば、暴力でできるわけがない。そこに交換がなければならない。どういう交換か。服従すれば保護されるという交換関係です。私の言葉でいえば「交換様式B」となりますが、それがなければ権力は成り立ちません。国家が権力を持ったからといっても、好き勝手にできるということではない。人々に何でも強制できるわけでもない。むしろ相手を救い、助けないといけない。それがあってはじめて人は自発的に服従します。国家というのは交換による力で成り立っているということです。

　この問題に初めて気づいたのは誰か。ホッブズです。服従—保護という交換関係から来る観念的な力について、「リヴァイアサン（海の怪獣）」と名付けた。その意味でマルクスは、ホッブズを意識して『資本論』を書いています。本にも書きましたが、ホッブズを参

照して、交換の問題からはじめたんだと思います。このようにして、交換様式BとCについて考えた人たちがいたということです。

交換様式A（贈与と返礼）

柄谷　では、もうひとつの交換様式Aについてはどうか。マルクスは『資本論』以後に、漠然とは書いています。しかし、そのことをはっきりさせたのは、もう少し後の時代の人です。マルセル・モースです。彼は、贈与と返礼の互酬交換について論じています。ただ、それによって、モースを称賛してきた人たちからは批判されることになった。レヴィ＝ストロースをはじめとして、人類学者からは総じて酷評されている。なぜか。人が意識しないような「霊の力」について触れたからです。贈与交換から来る力、それは霊の力による。結果、霊などという「非科学的」なものを出してきたことによって、否定されることになったのです。

　今言った、モース、ホッブズ、マルクス、この三人が交換様式A・B・Cに注目した人たちです。もちろん、それぞれ他の交換様式のことについては見ていなかったし、知らなかった。だから三人を繋ぎ合わせた人は、これまで誰もいませんでした。文化人類学、政

治学、経済学の領域では考えられてきたけれど、共通した問題を扱った人たちとしては捉えられて来なかったということです。しかし交換という観点から見れば、三人は繋がってくる。三つの交換様式について考えてきた人がいて、そこから出て来る力も各々違う。そういう観点で論じたのは、私が初めてだと思います。

しかも、この三つの交換様式は、お互いに補い合っています。交換様式CはBに依拠するし、BはAに依拠する。たとえば近代でいえば、ネーション＝国家です。ベネディクト・アンダーソンが「想像の共同体」という言葉を使いましたが、これは未開の氏族社会にあった共同体とは違います。氏族社会の共同体にも、それぞれ掟はあるけれど、個々人は独立している。マルクスが晩年関心を寄せた、ルイス・モーガンの『古代社会』という本があります。そこでアメリカのホピ族について書いている。部族の中にいる人たちは、自分がいる部族が嫌になったらすぐに出ていくことができます。いたければ、ずっといればいい。そうしたゆるい繋がりを持ちつつ作り上げられたのが古代社会です。それは国家ではありません。逆に、ネーション＝国家の場合、両者が強く結びついて成立しているということです。

『世界史の構造』の時にも、そのことをある程度は書いていたと思いますが、明確には書

いていませんでした。だから、自分にとって謎のまま残っていたことがあった。『世界史の構造』を出してから五、六年が経ち、この問題をもっとはっきりさせる仕事をしました。それが「Dの研究」です。あとがきにも書きましたが、二〇一五年から一六年にかけて季刊誌『atプラス』に連載したものです。しかし、いろんな意味で物足りなさを感じました。「Dの研究」が完成したなどとは到底思えない。今回の『力と交換様式』は、それを引き継ぎ、謎を解き明かす仕事だったと思います。

「Dの研究」はコナン・ドイルの『緋色の研究』から

――完成までに相当の歳月をかけられた経緯、また本書に込められた思いが、お話をうかがって、よくわかりました。

柄谷　そもそも「Dの研究」を、なぜ、そのような題ではじめたと思いますか？　これはコナン・ドイルの『緋色の研究』から来ています。シャーロック・ホームズが登場する、最初の作品です。その後ドイルは「ホームズ・シリーズ」をいくつも書くことになりますが、『緋色の研究』からはじまっている。このタイトルは謎なんです。「緋色」が何を意味するのか、いろいろな説がありますが、結局は分からない。そういう謎としてDを考えた

んです。ホームズは、〝科学的〟で、霊などとは無縁に見えるけれど、ドイルは後年心霊研究に取り組みましたしね。

ホームズには、天才的な洞察力を持つ兄・マイクロフトがいて、いくつかの作品に登場します。思いもよらない推理をして、事件解決への道筋をつけていく。本当に、驚くべき洞察力なんです。けれども弟のホームズが、兄貴の推理を覆していく。実際に自ら街を歩き回っていろいろ調べた後、真実に辿り着く。その時、ホームズがひとりで答を見つけたように見えますが、そうではありません。

以前は、こう考えていました。ホームズの兄貴がヘーゲルみたいなものである。洞察力を駆使して答を導き出していく。しかし、ホームズのように歩き回って、これはどうも違うなと考えて、その先まで行きつくのがマルクスである。「兄ヘーゲル／弟マルクス」ということです（笑）。どちらが偉いというものでもない。兄貴の方は思いもよらないことをいう。それはそれですごいと思う。その兄の意見を全部否定してしまうのではなく、実際に動き回って調べた後に、ホームズは答を出す。結果的には、弟がひとりで事件の解決をしているかのように見えるけれども、違います。兄貴の方が先に推理をしている。これがなかったら、解決には至らない。本当に見事な推理を立てるのは兄・マイクロフトです。

でも、彼は自ら動き回ることはせずに、何もしないでいる。その分だけダメなんですね。やはり実際に歩かないといけない。ホームズと兄貴の関係からは、そういうことが読みとれます。その意味で、ホームズが初めて登場した作品にあやかって、「Dの研究」と付けたわけです。

ただ、その場合も、単に歩き回っていればわかるということではない。ある観念の力を認めないと、本当の洞察はできない。特に経済や国家、そういった領域を考える時には、観念的な力を肯定しなければやっていけない。先ほどいった交換様式から生じる霊の力です。そんなものは虚偽であると斥けてしまっては、〈探偵〉にはなれません。目には見えないけれども実際にそういう力が働いているわけだから、それを理論的に明らかにするには、霊の力を認めなければダメだということです。

『資本論』で放棄されたもの

――具体的な内容について、もう少しおうかがいしたいのですが、ひとつの大きなポイントは、「物神（フェティシュ）」についてどう考えるか。柄谷さんの言葉では「交換様式C」から来る力ということになります。その考え方を、『資本論』第一巻刊行後に、マル

クスは放棄してしまった。そして再び史的唯物論、生産様式の観点に回帰した。では、なぜマルクスは放棄してしまったのか。

柄谷　『資本論』は、マルクスの生前には、第一巻が出ただけです。その前に書いていて、刊行すべき予定だったものを完成させなかった。没後、エンゲルスがマルクスの草稿を整理して、残りの巻が刊行された。ただ、『資本論』という書物を考えてみると、本の全体としてはヘーゲル的な体系になっています。だから最後は、資本自体が商品としてあらわれる「株主資本」に関する考察で完結していたはずなんです。マルクスは、精神としては「ヘーゲルの弟子である」といっているわけですから、そういうことで書き終える予定だった。それが第一巻を出した時に、最後のところで唐突に「資本主義的私有の最後を告げる鐘が鳴る」なんていうことをいっている。いわば『共産主義者宣言』と同じ種類の本にしようとしたということです。彼は闘争の本として『資本論』を出したのであり、当初考えていたものを途中で放棄している。そのことは間違いありません。

　だから、エンゲルスが最後まで書きあげようといっても、その仕事をつづけることはなかった。多分同じ考えで『資本論』を書き直すことはしたくなかった。エンゲルスは、マルクスの意図を汲んで、『資本論』の仕事をつづけたんだと思います。ただ、それならば、

まずは第一巻を書き直さないといけなかった。つまり、今いったように、「資本主義の終わり」を宣言する言葉が最後に置かれている。そのような言葉は、マルクスが元々持っていた認識とは異なります。マルクスの『資本論』は第一巻で終っている。それ以上もう書きたくなかった。そのことが今や忘れられていると思いますね。

共産主義はいかに可能か

――当初の構想を放棄してしまったのは、時代が深く関係しているということでしょうか。

柄谷　政治状況が差し迫っていたからです。一八六四年に、第一インターナショナルが結成され、革命の機運が高まっていった。そういう情勢になったら、『資本論』のような理論的な仕事なんてやってられないとなる。その気持ちはわかりますが、最後に『資本論』に戻らなかったのはよくないと思いますね。ただ、マルクスが『資本論』を自ら完成させていたとすれば、どうなったか。交換様式Cよりも交換様式Aのことを考えようとしたんじゃないかと思うんですね。資本主義をいかに相手にするかではなく、共産主義がいかに可能かという観点で見ようとした。そうすると、どうしたって交換様式Aについてや

らなければならない。だからこそ晩年は、モーガンの『古代社会』に強い関心を寄せ、氏族社会に遡って考えようとした。

一方でエンゲルスは、マルクスが死んだ後、どのような方向に向かったのか。キリスト教の起源について研究するようになった。エンゲルス自身もいっていますが、以前は、キリスト教を徹底的に嘲笑する立場を取っていた。それがマルクス主義者の常識となっています。けれども、本人が残した文章を見ればよくわかりますが、晩年には、原始キリスト教史研究をすごく真剣におこなっていた。エンゲルスの志を受け継いだのがカウツキーです。そのカウツキーが、後に十月革命を批判して、レーニンから〈背教者〉呼ばわりされた。そんなことはまったくないんですよ。カウツキーはエンゲルスの遺志を忠実に貫いている。逆に、レーニンなんて何もやっていない。だから背教のしようもない。ほとんどの人は、レーニンを通して知ったマルクス主義から学んでいますから、カウツキーに関しても誤った考え方がまかり通っていますね。

従来のマルクス主義の考え方から見ればとんでもないと思われるような人が、ドイツのマルクス主義者には大勢いたんですよ。エルンスト・ブロッホも、そのひとりです。ブロッホは、カウツキーを通じてエンゲルスの思想を受け継いでいる。それ以外にも、後々注

目されたマルクス主義者がいましたが、スターリンはいうまでもなく、レーニン主義以降のマルクス主義者は、そういう観点が完全に抜けています。そんな考えの下でいくらやっていったとしても、何も出てくるわけがありません。

――少し論点が変わりますが、『資本論』だけではなく、今いわれた『古代社会』に関するマルクスの詳細なノートや、あるいはエンゲルスの『ドイツ農民戦争』など、今ではあまり振り返られることのないテクストを取り上げられています。その詳細な検討・分析を通して、柄谷さんは交換様式Aと、その高次元の回復である交換様式Dについて論じられている。こうしたテクストの扱い方が、『力と交換様式』全体に及んでいるように見受けられました。テクストのほんの短い一文を発見し、その言葉が持つ意味を突き詰め、思考を広げていく。〈文芸評論家〉としての柄谷さんの一面が、垣間見られた感じがします。

柄谷　それは自分にとってごく普通のことです。そうでなければ〈探偵〉なんてできない。シャーロック・ホームズだって、些細な証拠から推理をめぐらし、答を見つけるわけだから（笑）。

思想の生命力

——本書の帯には「二一世紀に『資本論』を継ぐ、未来への書」と書かれています。『力と交換様式』を拝読していて感じたのは、マルクスが一度放棄し、その後もし状況が変わっていたらつづけていたであろう仕事を、柄谷さんは引き継いで書かれたのではないかということです。多くの文献に当たりながら、マルクスが『資本論』で書けなかったこと、書かなかったことを推理しつつ完成させた。そんな側面もあるのでしょうか。

柄谷　正直に言えば、マルクスの上をいっていると思います（笑）。もちろんマルクス、ホッブズ、モース、この三人には敬意を払います。彼らはそれぞれが、それなりの狭い視点に立ちながらも、その中で可能な限りの仕事をしていった。けれども、今度の本で持ったような視点があったとは思いません。そこは、彼らの可能性を認めるだけです。特にマルクスだけがというつもりもありません。ただ、長年やっていると、嫌なものは嫌になる。ずっと考えつづけているというだけで、それはもう不死ですね。その思想に生命力があるということだと思います。

——細かい箇所についておうかがいしたいのですが、たとえば第一部の第四章で、「ルカによる福音書」からの引用があります。「神の国はいつ来るのか」と尋ねられた際の、イエスの言葉です。「神の国は、見える形では来ない。『ここにある』『あそこにある』と

言えるものでもない。実に、神の国はあなたがたの間にあるのだ」。柄谷さんの今日の最初の発言に関わることでもありますが、この言葉は、交換様式Dそのものを表している言葉のようにも受け止められます。

柄谷　元々知っていた言葉ですが、やはり交換様式の問題を考えはじめてから、自分の中で、いろいろなことが繋がって来たんだと思います。交換様式という観点で見ていけば、聖書で語られている言葉もよくわかります。単に神学的に考えていったのでは、わからなくなるんですよ。今回の仕事のつづきで、最近また旧約聖書の研究をはじめているんですが、神学的な観点から考えなくても旧約聖書は理解できます。

――もう一点。「霊の力」について論じていく中で、「科学的／非科学的」という言葉の持つ意味について、歴史的に遡って考察されています。デカルトやガリレオ、ニュートンといった哲学者、天文学者、数学者を取り上げ、「科学」とは一体どういう学問なのか。いかなる態度をもって行うべきなのかについて論じている。ここも今回の本で新たに加えられた論点ではないかと思います。長くなりますが引用します。

「霊の力を斥けることが、ただちに科学的な態度だということにはならない。まして、その他の領域で、力の問題を扱うにあたって霊の力を斥けることは、それが科学的であるこ

とを保証するものではない。むしろ、その逆である。科学的な態度とは、たんに霊を斥けるのではなく、霊として見られるほかないような『力』の存在を承認した上で、その謎を解明することである」。

柄谷　「科学的」という言葉が、単に目に見えないもの、霊的なものを見ないことを正当化するために使われているように思うんですね。たとえば磁力の研究を行い、『磁石論』を著したウィリアム・ギルバートに対して、ガリレオもデカルトも「魔術的」であると否定した。ニュートンの「万有引力」にしてもそうです。ライプニッツたちが「オカルト的」だと非難した。信じられない話です。今だって、精神医学・精神分析なんてほとんど非科学だと思われている。昔はフロイト派やユング派がいましたが、絶滅状態なのではないか。目に見えないところで働いている力について考えることに対して、「非科学的」と断じて切り捨ててしまう。問題は、そういうところで、科学か科学ではないかを区別することだと思いますね。

アウグスティヌスと墨子

――『力と交換様式』では、多くの思想家・哲学者が取りあげられています。たとえば

アウグスティヌスの重要性について、『神の国』を主に参照し、かなりの紙幅を割いて論じられています。先ほどの聖書の引用とも密接に関わってくることですが、アウグスティヌスは「神の国」を次のように捉えていた。「人間の手によって実現されるようなものではない。それは、人間が望もうと望むまいと、恩寵として『向こうから来る』ほかないものである」。

柄谷　アウグスティヌスは、ローマ文化の中でキリスト教について考えてきた人ですが、改めて今、アウグスティヌスを読む必要があると思います。

――もうひとり印象に残るのが、中国の諸子百家・墨子です。交換様式Dを考える上で、孔子・老子ではなく、墨子の思想の中から「兼愛」と「非攻」という観念を取り上げ、その重要性を説かれています。

柄谷　世界的に見ても、墨子についてまともに書いている学者はいないと思います。「非攻」とは「非戦」とは違います。たとえば、普通は平和論者といえば何もしない、非戦を掲げる人たちです。けれども墨子は、自衛のための戦いは認めている。さらには、弱い人たちを助けるための軍隊も認めている。義勇軍みたいなものです。むしろ、そのことを積極的に語った人だった。だから秦の時代に弾圧された。逆説的には、何もしない、戦

わないことが偉いとされているけれど、墨子は、状況によっては戦うべきだといっている。中国の歴史の中で、革命的な人だったと思います。

アーミッシュの生活

――交換様式Dを考える上で、「千年王国運動」と対比し論じられている箇所も印象的です。イギリスの歴史学者ノーマン・コーンが、千年王国主義の五つの特徴を述べている。そのうちの二つが「超自然的な力によって奇跡的に実現されること」「終末論的・緊迫的であること」。これが、まさに交換様式Dの特徴をも表しています。

柄谷　千年王国運動については、「Dの研究」連載時に、歴史書を随分読んで学んだことです。

――マルクスの話に戻ります。様々な時代状況の中で、誤解して読まれてきた歴史があった。それ故、『資本論』で本当に訴えようとしてきた論点が見えなくなってしまった。そのことを今回、柄谷さんは浮かび上がらせようとしたと考えてもよいのでしょうか。

柄谷　そうですね。要するに、ほとんどのマルクス主義者は、物神（フェティシュ）の力を認めていないと思うんですよ。昔も今もそうです。なぜか。そのような力を認めない

ことが、合理的な判断だと思っているからです。物神の力がいかに強いかが、まったく理解されていない。この力は、今日話してきた通り、交換様式AにもBにもあります。そしてCについて考えていたのがマルクスです。貨幣にも物神の力は付着しています。そのことを、マルクスは書いたわけです。多くの経済学者たちは、すべて数学的に計算すれば科学的であるなどと考えている。その時点で、まともに考えることができなくなっています。

――今現在の話に引き付けておうかがいします。交換様式Dは、人間が意識して実現できるものではないといわれました。その到来を待つしかない。それに加えて、国家と資本制の揚棄については、マルクスの時代と違って、複雑な社会状況が絡み合った中で、さらに困難になっていると考えてもよいのでしょうか。

柄谷　そうなんですが、実際には、割合簡単だと思っています。つまり、交換様式Dというのは、交換様式Aの高次元での回復である。それは、まさにAなんです。ただし、Aを下手に回復すれば、「想像の共同体」になるに決まっている。それを超えようと思ったら又となって、なかなか高次元での回復にはならない。だけど、たとえば、以前こんな経験をしたことがあります。

オハイオ州のアーミッシュの暮らしている街にいった時、すごい衝撃を受けたんです。

アーミッシュの人たちは、電気と自動車を拒否し、馬車に乗っていました。オハイオは田舎ではなく都会なんですが、彼らはその中で堂々と暮らしている。アーミッシュというのは、幼児洗礼を認めていません。だから、彼らはすべて、親に強制されて信者になったのではない。最終的に自分で選ぶ。嫌ならば出ていけばいい。でも、ほとんどの人はコミュニティを出ていかない。自分の生活がいいと思って残っているわけです。簡単なんですよ。そういう生活を自由に選んで、なおかつコミューンができている。出ていく自由もあります。そのことが、ひとつのいい例です。なにも民主主義によって社会を変えるとか、そんな大げさに考えなくてもいい。

運動の可能性

――最後の質問です。本書序論は、次の言葉で締めくくられています。「戦争の危機が迫りつつある」。しかし本書全体は、交換様式Dの到来を予言して終わります。現実的に今、戦争が行われている。これがどこまで拡大するかはわかりません。その中でも、私たちは希望を見いだすことを決して諦めてはならない。そういう提言の書、希望の書として『力と交換様式』を受け止めてよいということでしょうか。

柄谷　そういうことです。最初の話に戻りますが、一九九〇年頃、「歴史が終わった」といわれていたときに、「終わっていない」と私はいっていました。どういう歴史か。帝国主義戦争の歴史です。それがまた反復される。そのことをいうのに、一番ふさわしくない時期だったと思います。結構楽天的な人たちばかりでしたからね。ネグリ＝ハートとか、アメリカでマルチチュードの運動をやっていけば、それが世界中に広がっていくといっていた。そうした考え方に対しては、私は悲観的でした。そんなことには絶対ならないという予感がありました。だから、今後も同じような反復が繰り返される。単なるウクライナの問題だとは思いません。もちろん、そのことを証明する気はしない。けれども、そうなるだろうとは思います。

ただ、仮に現実がそうであっても、それこそアーミッシュのような形で暮らしていくことだってできるわけです。アソシエーションの運動（New Associationist Movement）に関する本を出した時も、今後それがすぐに実現するという意味で書いたつもりはなかった。運動は細々とやっていけばいい。アーミッシュは細々とやっている。同じようにやっていけばいいと、そういう宣言でした。今度の本を通していおうとしたのも、同じことです。

II

「思考の深み」へ

『力と交換様式』はいかにして構想されたのか。
二〇一九年から二一年にかけて、執筆の最中に語られた
「交換様式」をめぐる思考の深みへ。

可能性としてのアソシエーション、交換様式論の射程

交換様式Ｄは、「向こうからやってくる」。それが到来する時、国家と資本、つまり、ＢとＣの霊たちは消滅することになる。いつそうなるかはわかりません。しかし、必ずそうなるだろうと思う。
――『トランスクリティーク』以降を語ったインタビュー。

――柄谷さんは、たとえば最近の人では、今回のコロナ禍で世界的にも著名となった、台湾のオードリー・タンＩＴ担当相を始めとして、世界中の文化人に影響を与え続けておられます。その集大成とも目される著作『世界史の構造』（岩波書店、二〇一〇）では、「交換様式」という観点から社会やその歴史を分析されました。これまで社会の構造は、マルクスの大きな影響によって生産様式を土台として考えられてきました。しかしそれではうまく説明できない、交換様式から出発すべきだ、と提言された。

柄谷さんはそこで、交換様式にはＡからＤの四つの様式があると分類されています。最

初の交換様式Aは贈与と返礼にもとづく互酬交換、交換様式Bは略取と再分配を行う服従と保護の交換、交換様式Cは貨幣と商品による商品交換であり、そのそれぞれが、近代社会の構造を形成する三つの実態としてのネーション（民族）、国家、資本に対応する、と。

しかし、このDについては、Aが高次元で回復されたものであるとして、その具体的な像を示されていません。本日はその交換様式Dを話題の中心としながら、柄谷さんが考えられている次の世界のあり方について、自由に語っていただければ、と思います。まず最初に、そもそもなぜ「交換様式」なのでしょうか。

世界の構造のなかには幽霊がいる

柄谷　カール・マルクスやフリードリヒ・エンゲルスが唱えた唯物史観には、じつは交換様式という概念はありません。彼らは、人間と自然の関係からくる生産力と人間と人間の関係からくる生産関係、すなわち「生産様式」が土台にあって、それによって、上部構造としての政治的、観念的なものが規定されていると考えました。それだけです。

ところが、まずマックス・ヴェーバーが批判したように、観念的・政治的上部構造といわれるものには、下部構造からは説明できないことがある。たとえば、近代資本主義の

「精神」は、プロテスタンティズム的なものからきている。そして、それは経済的下部構造からでは説明できないものです。むしろ、それが経済的下部構造（生産力と生産関係）をつくり出した。だから、ヴェーバーは、史的唯物論を原則的に認めながら、観念的上部構造の相対的自律性を主張したわけです。つまり、観念的上部構造には、下部構造からはこない何かがある、と。

しかし、ヴェーバーもそれがどこからくるのかをいえなかった。その後も、たとえばフロイトも、精神分析学の立場から史的唯物論の限界を指摘した。こうして、史的唯物論に半ば賛同しつつ、同時にその限界をいうタイプの批判が続いた。これに対してエンゲルスは、自分たちはそんな経済決定論を言ったのでない、ただ、経済的な次元が大きいと言っただけだと反論しています。しかし、それでは不十分です。つまり、史的唯物論者もそれに対する批判者も、経済的な次元を超えた観念的な「力」が、どこからくるのかを見ようとしていない。

私の考えでは、こうです。そのような観念的な力は、経済的下部構造からくる、ただし、それは生産様式（生産力と生産関係）ではなく、交換様式である。また、そこからは、「生産力」とは異なる観念的な「力」がくる。つまり、私は観念的な力や政治的な力は、経済

的下部構造からくる「力」だと言いたいのです。そして、その下部構造とは、エンゲルスの言う生産様式ではなく、交換様式である、と。そこで、私は、今説明していただいたように、交換様式からくる「力」を、AからDの四つに分けて提示したわけです。

マルクスはもちろん史的唯物論者であったのですが、史的唯物論はじつは、年少のエンゲルスが最初に提唱した考えです。その時、フォイエルバッハの影響を受けて「疎外論」を唱えていたマルクスが、つまり、いわゆる「初期マルクス」が、エンゲルスの影響を受けて変わり、『ドイツ・イデオロギー』などを共著として書くに至った。それも、主要な部分は、エンゲルスが書いたのです。

また、マルクスとエンゲルスは、一八四八年の段階で、『共産党宣言』を刊行し、共産主義者同盟を結成した。その時、「宣言」の冒頭に、「今ヨーロッパで幽霊が徘徊している、共産主義という幽霊が」と書いた。それからまもなく、ヨーロッパ各地で革命が起きたわけです。そして、この革命運動は敗北したけれども、結果的に大きな変化をもたらした、といえます。

マルクスに関していうと、彼はこの後ロンドンに亡命すると共に、「経済学批判」を始めたのです。これは一八六七年に第一巻が刊行される『資本論』につながる仕事で、生産とは

別の次元から出てくる「力」を論じています。彼はそれを「物神」と呼んだ。まさにそれが「霊」なのです。もちろん、それは冗談ですが、そこに「力」があることは確かなのです。

マルクスが「霊」とか「物神」という言い方をしたのは、『資本論』だけで、他では言っていません。彼の最晩年の「古代社会」に関する仕事では、再び霊的なものに接近しています。この時、マルクスは、生産力からみれば単に未開で野蛮な古代社会（氏族社会）に、共産主義の鍵を見ようとしたのです。つまり、彼は共産主義を、氏族社会における「自由・平等および友愛の、より高度な形態における復活」として見た。その場合、重要なのは、氏族社会における個人の独立性ですね。一般に共同体というと、集団に拘束されて個人が動けないように思われるけれども、そうじゃない。氏族社会では、個人が簡単に出て行ってしまう。また、集団としても、独立して移動してしまう。

これは交換様式でいえば、Aが強いということです。交換様式Aについて、最初に考えたのが、フランスの社会学者デュルケームの甥であった人類学者、マルセル・モースです。彼は贈与交換に付きまとう霊的な力を見出した。たとえば、贈与がなぜなされ、かつ、贈与に対してなぜ返礼が行われるのかを考えたのです。その時、彼はニュージーランドのマオリ族の例を引きつつ、「ハウ」と呼ばれる霊の力を見出した。ハウは、人に贈与をさせ

るし、贈与された人が同等か、あるいはそれ以上のお返しをしない限り付きまとい、処罰を与えるわけです。モースは直接取材したわけではないのですが、調査した人たちからの話を聞いて、ハウに従うというかたちで贈与が始まり、ハウに従って返さざるを得ない、というように未開社会における贈与交換を描きました。

この考えに対しては、モースの仕事を称賛していたクロード・レヴィ＝ストロースも反撥して、厳しく批判した。それは科学ではない、と。モースの説は当時じつに斬新で、賛同せざるを得ないところがある。けれども、そこでモースが言った霊の働きを、誰も認めなかったのです。じつはその点で、マルクスに関しても同じことがあった。たとえば、マルクスは『資本論』で、貨幣や資本を物神とみなしたのですが、マルクス主義者はそれをただの冗談としてしか受け取らなかったのです。

たとえば、ハンガリーのマルクス主義哲学者ジェルジュ・ルカーチがそうです。彼は、マルクスがいう「物神」についてはまったく触れずに、マルクスのもう一つの言い方、つまり「物象化（Verdinglichung／Versachlichung）」についてだけ言及したのです。物象化とは、人間と人間の関係がモノとして表れていることであり、ここから解放されるところに共産主義があると考えたわけです。そして、物神化の方はただの冗句として無視した。そ

の点で、日本の哲学者、廣松渉も同じですね。「物神」の方は問題にしない。それを本気で問題にしたのは、じつは私だけなんじゃないかな（笑）。

交換から立ち現れる四つの幽霊、あるいは観念的な力

柄谷　マルクスがいう物神は、交換様式Cからくる「物神」ですね。で、モースが言うのが、交換様式Aからくる「神」あるいは「霊」です。ところで、マルクスが『資本論』を書く時に、その考え方に示唆を与えた先行者が一人いたのです。イギリスの哲学者、トマス・ホッブズです。たとえば、彼は、国家を論じた自著の題名に怪物をもってきています。『リヴァイアサン（Leviathan）』（一六五一）。これは、旧約聖書のヨブ記に出てくる海の怪物です。この本の正式な名称は、「リヴァイアサン、あるいは教会的及び市民的なコモンウェルスの素材、形体、及び権力」というものです。

　ホッブズは、私の言葉で言えば、交換様式Bを最初に見出した人です。ふつう国家は装置、そして暴力的な装置だと考えられているでしょう。しかし、武力で国家はできません。相手がちゃんと従わないと……。しばらくは武力で何とかなるけれど、次の日にはもうみんなどこかへ行ってしまうかもしれない。みんなが自発的に服従するのでなければ、国家

は成立しない。つまり、それが「交換」になっていないといけないわけですね。服従すれば、確実に保護される、その時にのみ、「交換」が成り立つわけです。

ホッブズはこれを、一六四二年、世界で一番早い市民革命だったピューリタン革命から見出しました。この革命は一八年後の王政復古によって失敗に終わりましたが、復古した王は、もはや絶対君主の王ではなく、今の日本の天皇制のような象徴です。それは、国家が「交換」の産物であることを象徴するものです。ホッブズは、こうした交換関係そのものから、リヴァイアサンという怪物が生まれると考えた。

そのことを本当に理解したのが、マルクスでした。彼は『資本論』で、それを物神として捉えた。ただ、その後、彼は国家に関して、そういう考え方をしなくなったように見えます。国家の下で階級支配を消してしまえば、国家はいずれ自然に消えていく、というのが、今日知られているマルクス主義の考え方です。しかし、ホッブズ的な観点からいえば、国家が自然に消えることはない。実際、ロシア革命でも、国家の力で階級支配を廃棄しようとしたわけですが、国家が死滅するどころではなかった。アジア的専制国家が再現されただけです。

以上で、交換様式A・B・Cから、それぞれ霊的な力が出てくるということがいえます。

もう一つの交換様式はDです。そして、そこから幽霊が出てきます。先に述べたように、マルクスとエンゲルスが若い時に、すでにそれを指摘しています。つまり、「共産主義という幽霊」です。これはみな冗談だと思うし、確かに冗談なのですが、ある意味で当たっている。Dはまさに「幽霊」なんです。それは「向こうからくる」ものです。また、それは、「交換」から生じた「観念的な力」だと言えます。

これは二、三年前に気付いたことですが、ジャック・デリダの一九九三年の著作に『マルクスの亡霊たち（Spectres de Marx）』があり、そこで彼は、「マルクスはたくさんの亡霊に囲まれている」と言っている。これも、半ば冗談ですが、極めて真剣なんですよ。デリダは「ホーントロジー（Hauntology）」なるものを提唱している。つまり、ホーント（haunt）、つまり出没することの科学なるものを、勝手に考案している（笑）。

ただ私は、それを笑うのではなく、「あなたの考察は分類が不十分で不正確だ」と言いたい。デリダは、八〇・九〇年代に親しくしていた人ですからね。つまり、私が言いたいのは、たくさんの霊がいるのではなく、四種類しかない、ということです。A・B・C・Dです。それらの霊は違います。資本主義の幽霊（物神）と、国家（怪獣）、共産主義（幽霊）が違うように。ここでいう「観念的な力」は、どこか他のところからくるのではなく、

まさにそれぞれの「交換」様式から生じている。

ところで、この「交換」は人間と人間の間にあるものです。自然と人間の間に、交換はない。むろん、モーゼス・ヘスやマルクスが言ったように、人間と自然との間に「交通」（代謝）があります。しかし、それは交換ではない。ただ、産業革命が始まる前は、人間と自然との間の「交通」は、人間と人間の間の「交換」と同一視されていました。言い換えれば、アニミズムが支配的でした。だから、人間は自然と交換しているような見方があり得た。しかし、産業革命以後、アニミズムが消えて、自然界は単なる対象でしかなくなった。つまり、自然に神々を見出すような考えは、迷信として斥けられ、自然は単なる物的対象となったわけです。

産業革命を可能にしたのは、化石燃料（石炭・石油）を使用したことです。化石燃料とは、人間と自然の「交通」関係を歴史的に刻印するものです。そのような化石を燃やす時、まさに人間と自然の「交通」の歴史を化石として焼却することになります。

トランスクリティークから新しいアソシエーションへ

柄谷　今回のインタビューの依頼を受けて、昔と今の私の考え方がどう変わってきたの

か、少し考えてみました。昔といっても、二〇〇一年の『トランスクリティーク　カントとマルクス』（批評空間）あたりの、二〇年くらい前からです。私が九〇年代にこの本を書こうと考えたのは、やはり一九九一年のソ連崩壊があったからです。今から三〇年ほど前ですね。当時「マルクス主義は終わった」と言われたのですが、私はむしろ、その時からマルクスを読み直すようになった。『トランスクリティーク』はそういう仕事だった。その時点で考えたのが「交換様式」でした。

『トランスクリティーク』を書きながら、同時に始めたのがＮＡＭ、新アソシエーショニスト運動（New Associationist Movement）です。一〇年ほど続いた『批評空間』（一九九一〜二〇〇二）という雑誌をやめて、その発行元である太田出版の社長だった高瀬幸途さんら友人たちと一緒に、当時移住したばかりだった関西を拠点としてＮＡＭをつくった。高瀬さんは、その後二〇一三年に太田出版を辞めて、生活クラブ生協の市民セクターでの活動を始めています。

　彼も共著者だった『ＮＡＭ原理』（太田出版、二〇〇〇）では、闘争のかたちを「内在的」と「超出的」の二つに区別しています。内在的闘争とは、この世界や社会のなかで闘うこと、つまり資本主義のなかで資本主義と闘うことですね。次に、超出的闘争とは、資

本主義でないところをつくってしまうことです。もちろんそれによって世界全体を変えることはできませんが、交換様式Aにもとづく世界をローカルにつくることはできます。貨幣も自分たちでつくる。それが地域通貨ですね。NAMはそういう、内在的闘争と超出的闘争の両面をもった運動でした。

当時NAMには八〇〇人ほど参加していて、そのほとんどは内在的な人たちで、超出的な人は少なかった。結局二年で解散しましたが、そのなかで、いわば〝超出的〟な志向をもつ人たちの間での交流が続いていました。そこから生まれた組織に、associations.jp というものがあります。われわれは「アジャパー」と呼んでいますが（笑）、これは、高瀬さんがインスクリプトの社長の丸山哲郎さんと一緒につくったもので、東日本大震災を契機に盛り上がった反原発・脱原発デモに参加するための組織として発足し、NAMのメンバーだった人たちも合流しました。

二〇一九年に高瀬さんが急死されたので、追悼の意味を込めて、高瀬さんが企画していた、NAMをめぐる言説をまとめた本（『ニュー・アソシエーショニスト宣言』作品社、二〇二一）を出すことになりました。私はそこに、松本哉さんの『世界マヌケ反乱の手引書』（筑摩書房、二〇一六）のことを書きました。松本さんとは、デモを通して知り合いました

が、彼はまさに超出的な人です。それは、世間的な基準からすると、〝マヌケ〟なことなんですね。でも、最近は、マヌケが増えた。たとえば、東京を離れようとする人が増えた。昔はみんな東京に来たがったのに、今、東京を離れようとする人が多い。これはコロナ禍のせいではなく、マヌケ化の兆候なんですよ（笑）。宣伝しても運動しても、本を書いてアジっても、そうはならない。でもそういう変化が起こり始めている。

マルクスの『資本論』から消された「謎」

柄谷　資本主義国家が社会主義的になった最初は、一八四八年革命の後です。マルクスもこの時点で変わりましたから、これは大事なことです。この革命はヨーロッパのどこでも敗北に終ったのですが、非常に奇妙な結果が生じたのです。簡単にいうと、この革命の挫折を通して、ヨーロッパ諸国に、ある意味で、社会主義が実現されたということです。つまり、四八年以前にあった社会主義と違って、国家権力とつながる社会主義が出現した、ということです。それと同時に、ネーションが形成された。すなわち、資本＝ネーション＝国家が出現した。これは、交換様式でいえば、C・A・Bの結合です。

具体的にいうと、マルクスは一八五二年の『ルイ・ボナパルトのブリュメール一八日』

で、この革命を分析しています。この時、最終的に権力を握ったのはルイ・ボナパルト（ナポレオン三世）です。彼はナポレオンの甥ですが、終生、社会主義者でした。のちに大統領から皇帝になったのですが、座高が高くて馬上の姿が映えたため「馬上のサン＝シモン」とも呼ばれたくらいで、国際労働運動であるインターナショナルへも、いろいろ手助けをしていたようです。

他方、ドイツ帝国の初代宰相を務めたのはオットー・フォン・ビスマルクですね。彼は社会主義者のフェルディナント・ラッサールと仲がよかった。この一八四八年革命の後から、それまでのユートピア社会主義ではなく、むしろ国家によって運営される社会主義が生まれたといえます。そして、一八七〇年には、プロシャとフランスの間の戦争が起こった。これは、ある意味で、最初の帝国主義戦争です。だから、一八四八年のヨーロッパ革命は、歴史的に大きな境目になったと思います。

その時期に、世界が急激に変わったといえます。日本でいうと、一八四八年は、明治維新の二〇年前です。ところが、一八九四年に日清戦争が起こっている。それは事実上、帝国主義戦争です。だから、世界が急激に変わったといえます。そして、それを最初に洞察したのが、マルクスだといえます。彼は一八四八年革命の後、まもなく、「経済学批判」

の仕事を始めた。つまり、それは、資本制経済の特性を「交換」から生じる、物神的な力に見ようとする仕事です。

ついでに言えば、エンゲルスも一八四八年の革命以後、変わっています。近年私が考えているのは、エンゲルスが二年後の一八五〇年に書いた『ドイツ農民戦争』についてです。そこで、エンゲルスは、ドイツの宗教改革者、トマス・ミュンツァーを高く評価した。しかし、当時は、社会主義者は宗教を否定するのが普通ですから、この仕事は注目されなかった。実際、エンゲルスは後年『空想から科学へ（の社会主義の発展）』（一八八〇）を書いたことで有名ですが、そのなかで説かれる、科学的社会主義は非宗教的です。だから、エンゲルスが一八五〇年にミュンツァー論を書いたことは、重視されなかった。

彼は一八八〇年代に原始キリスト教について研究を始めました。が、『空想から科学へ』の影響が大きかったので、そのような仕事に注目する人は少なかった。そのなかで、エンゲルスの仕事を受け継いだのが、弟子のカール・カウツキーであり、また、エルンスト・ブロッホです。ブロッホの最初期の仕事には、ミュンツァーに関する『トマス・ミュンツァー　革命の神学者』（一九二一）があります。

とはいえ、ふりかえって見ると、このような見方が始まったのは一八四八年革命の結果

だということがわかります。マルクスやエンゲルスの認識はそこからきたといえますね。

――エンゲルスは、どうして「交換様式」に思い至らなかったのでしょうか？

柄谷　彼自身が、若い時に「生産様式」を発見した人なんですよ。後に彼は、「これはマルクスの考えで、自分はその影響を受けた」といっていますが、ウソですね。もともと自分の理論だし、その後も意見を変えなかったんだろうと思います。その点、マルクスは変わっていますよね。まず彼はフォイエルバッハの疎外論の影響を受けた。それが初期マルクスです。ところが、一八四二年頃、イギリスから戻ってきたエンゲルスの考えを知って、初めて「初期」の考えから出た。それが「後期マルクス」とみなされています。しかし、そうではない。彼はまもなく、そこからも出たのです。それを示すのが、彼の「経済学批判」です。その時、彼は、交換様式に注目するようになった。

マルクスは『資本論』第一巻の第二版あとがきで、「私はヘーゲルの弟子だ」と言っています。当時ヘーゲルは「死んだ犬」と言われていたのに、マルクスがその弟子だとあえて言うのは、ヘーゲルを尊敬してというより、彼が言う「精神（Geist）」という言葉に関係がある。つまりガイストはゴースト（ghost）で、「幽霊」なんですよ。

『資本論』は「資本主義という幽霊がいかに発展をとげたか」を論じる本です。つまり、

商品がいかにして貨幣となり、資本となったか。そして、最後は「株式資本」で終わる。株式会社とは、資本そのものが商品として現われ、売買されることです。『資本論』第一巻の冒頭では、こう書かれている。《資本主義的生産様式の支配的である社会の富は、「巨大なる商品集積」として現われ、個々の商品はこの富の成素形態として現れる。したがって、われわれの研究は商品の分析をもって始まる》（向坂逸郎訳、岩波文庫）。じつは、この商品のなかに、株式商品も含まれるのです。だから、『資本論』の構成は、ヘーゲルの論理学にもとづくわけです。

　ところが、マルクスは、『資本論』の全巻の草稿を書き終えたのですが、第一巻を出すにあたって、大きな変更を加えた。つまり、第一巻で終るようなかたちにしたのです。そこで、「資本主義の最後の鐘が鳴る」と書いた。つまり、『資本論』を「インターナショナル」を象徴するような仕事に仕立てようとした。その点で、四八年に「共産主義者同盟」発足にあわせて『共産党宣言』を出したのと似ています。その後、エンゲルスがいくら催促しても、マルクスが第二巻以降を仕上げなかったのは、そのためでしょうね。

――しかし、そのエンゲルスが発案したという「生産様式」という概念は、その後のマルクス経済学の主軸ともなりましたし、何もないところから何かが生まれてくる、生命力

にも似た不思議な「力」のようなものを感じさせます。

柄谷　そうですね。交換様式というのは、生産様式と共に出てくるものですから。それらは切り離せないものです。

交換様式A・B・Cの後にくるもの

――しかしマルクスが見ようとした謎、彼の言う「物神」は、謎のまま残っていくことになるのでしょうか。

柄谷　もちろん、それはもはや謎ではありません。「物神」は、交換様式Cからくる「観念的な力」だとわかっています。また、国家もBからくる「霊」です。問題は、たとえそうわかったとしても、人間の意志によって、それらを解消することはできない、ということですね。それを消す力があるとすれば、「霊」の力だけです。資本物神や国家霊を消せるのは、交換様式Dからくる霊だけです。言い換えれば、共産主義は単に人間の意識・意志によって実現できるものではない。それも、いわば、向こうからくるものだ、ということになりますね。

その意味で、交換様式Dは宗教に近いようにも見えます。しかし、それを宗教として説

明することはできない。というのは、宗教も複数の交換様式からくる力にもとづいているからです。とくに世界中に広がっているいわゆる世界宗教には、Ｄがあるけれど、同時に、交換様式Ａ・Ｂ・Ｃのすべてが揃ってある。たとえば、キリスト教やイスラム教は世界宗教ですが、Ｄだけでなく、ＢやＣを含みます。ゆえに、歴史的にも強大な国家をつくってきたし、もちろん財力もあった。また、そこには、呪術的な要素があります。つまり、交換様式Ａが根本にある。これがないと、高邁な理念を言っていても、誰もついてこない。

　そのように宗教は、政治的権力になるし、経済的な力にもなる。カトリックでも、教皇なんてものすごく贅沢に暮らしていましたよ。その点で、今のフランシスコ教皇（第二六六代）は質素で、「恵まれない人々のための教会」を目指すと共に、バチカン銀行（宗教事業協会）の金融犯罪と闘う命令を出したり、反核兵器に言及したりと、普遍宗教の本来の姿、つまり、Ｄ的な要素を示しています。それはさっき言った「マヌケ的」なものであって、だから私は、今の教皇が好きなんですよ。

　しかし、イタリア人に聞くと、イタリアにはもうカトリック信者はいないそうです。カトリックも共産党も両方ともいなくなって、今はまったく交換様式Ｃだけの社会になってしまった。ＥＵ（欧州連合）も、できた当時の三〇年前には未来が感じられたけれど、今

ではその理想も失われてしまった、という。べつにイタリアだけではない。どこでも、宗教はダメでしょう。そのこと自体が、また新しいものが出てくる土壌にはなるかもしれない、と思いますが……。

宗教といえば、近年読んだ本で面白かったのは、『アーミッシュの老いと終焉』（堤純子著、未知谷、二〇二二）でした。アーミッシュという宗教集団はアメリカ映画にも時々出てくるし、私もオハイオに行った時、彼らの居住地を訪ねてみたことがあります。彼らはまだ馬車に乗っている。クルマも電気も拒否して、昔のままの暮らしをしている。アーミッシュは、一八世紀ぐらいにスイスから広がった再洗礼派（Anabaptist）の一つで、最初に受けた洗礼ではなく、自由意志で選んだ洗礼に従うという考え方によって成り立っています。つまり、周囲の大人に勝手に受けさせられた洗礼には意味や効力を認めず、「もう一度自分で選べ」というわけです。アーミッシュとは、そうやって自分で選ぶことができる組織なんですね。

なので、ここにいる誰も、社会であれ親であれ、強制されて参加している人はいません。それがすごいと思うんです。今のアメリカではこのアーミッシュが、一つの理想の実現として語られるようになってきています。二〇〇年間変わらない生活をしながら、税金は払

うけれど社会保障制度には加入せず、家族やコミュニティーのネットワークで助け合って暮らしている。これはかなりローカルでマヌケ的ではあるけれど、交換様式Aにもとづく社会だと思います。

一方、交換様式Dの社会では、アーミッシュのようにローカルにとどまるものではないから、クルマくらいは乗っていい（笑）。世界中に「クルマも電気もダメ」と強制したら、それはむしろ恐ろしい国家になります。とはいえ、アーミッシュはローカルで、マヌケなままでいいんですよ。私は『世界史の構造』でアーミッシュのことは扱っていませんが、そういうものも念頭において書きました。

システムをチェンジする亜周辺の可能性

——柄谷さんはご自身の公式ウェブサイト（http://www.kojinkaratani.com/jp/）で公開されている論考「交換様式論入門」で、交換様式A・B・Cは別個に存在するものではなく、それらが結合することによって社会はつくられる、と書かれていて、ここが非常に重要だと指摘されています。

柄谷　そうですね。国家も、宗教も、実際には、AからCがぜんぶ混ざり合うことで成

立しています。たとえば、現在の国家はネーション＝国家、つまり、AとBの結合です。というより、資本＝ネーション＝国家ですね。つまり、C＝A＝Bです。

――そして交換様式Dについては『世界史の構造』で、交換様式Aの高次のもの、という言い方をされています。

柄谷　ええ、交換様式Aは、国家である交換様式Bや市場経済である交換様式Cに席巻されてしまいましたから、つまり、ネーションというかたちになってしまう。本来的なAが残っているのは、アーミッシュのような場合です。が、それはローカルにとどまるしかありません。交換様式Aの「力」を今の社会に回復することは、それをもっと高次元で回復することによってのみ可能となるでしょう。その意味で、それは「神の力」と言ってもいい。

――「交換」ということがもっとも如実に見えるのは、売り手と買い手の交換である交換様式Cだと思います。現代社会はこの交換様式Cに覆われてしまっていて、その次なるDをうまくイメージすることができないのですが……。

柄谷　交換様式Cが、世界中の人類を結びつけていることは間違いないと思います。その「力」はAもBも及ばない。たとえば、古代帝国といってもたかが知れていますし、モンゴル大帝国だって、大英帝国だって、せいぜい一地域でしかなかった。それに比べて、

交換様式Cはより多くの人類をつなぐことができた。物神といっても、それを無視することはできません。

交換様式C以前には、人類は距離的に離れ過ぎていて、お互いによく知らなかった。簡単に外国に出かけられなくなってしまった現在のコロナ禍の下で、外国がいかに遠い存在か、よくわかりますよね。われわれが「人類」という意識をもてるようになったのは、やはり交換様式Cの発展の結果です。世界的な戦争が起こらなかったのも、むしろお互いに知らなかったからですね。しかし、人類が相互に交換し合うことを通して、それまでになかった問題も背負わざるを得なくなった。自然との関係においても同様です。

人類が遊動民の段階では、環境問題も少ないし、問題があれば、別のところに移ればよかった。それが交換様式Aの時代です。Dはその意味で、Aの〝高次元での回復〟としてあるものです。それはいついかにして出てきたか。それについては、『世界史の構造』で、ある程度書きましたが、今書いている『力と交換様式』という本では、それについて改めて考えています。

交換様式Dは、紀元前、帝国ができた段階に出てきたといえます。帝国は交換様式Bの産物ですが、むしろ交換様式Dがないと成立しなかった。つまり、単にBだけではなく、

Ｄが必要だったのです。たとえば、私が考える一番古い交換様式Ｄの現れは、キリスト教やユダヤ教ではなく、それより前にあるゾロアスター教です。ゾロアスター教は国家主義とは関係なく出てきた宗教ですが、ペルシア帝国がそれを採用した。当時の帝国は、Ｂによってできたのですが、一定の規模以上では、成り立たなかった。ゆえに、それは、Ｄ、つまり、普遍宗教を必要としたのです。

ただ、これは今回の本のテーマの一つでもあったのですが、文化を論じることが難しいのは、文化の発展のためには、むしろ未開性が必要だということですね。たとえばゲルマン人は非常に野蛮な民族で、アジアの文明にも入れないし、ローマ文化とも何の関係もなかった。でも南下を繰り返してローマ帝国領に侵入することでローマを知り、ギリシアを知り、キリスト教を知った。彼らのためにローマは滅びたけれど、彼らはローマのたどった道をたどらなかった。とくに西側のゲルマン人はドイツやイギリスなど、次の世界をつくっていったわけです。

交換様式でいえば、ゲルマン人はＡを保持していた。ゆえに、未開的であると同時に、Ｂに服従しない独立性を保持していた。未開性とはそういうもので、それは、文明が進むと中心にはなくなるけれど、その周辺部には残るのです。これは私が『世界史の構造』で

も援用した「亜周辺」の理論ですね。

私は、カール・ウィットフォーゲルという社会学者が提起した「中心、周辺、亜周辺」という考え方に示唆された。というのも、歴史的に見て面白い地域が、みな亜周辺的だからですね。そこには未開性があり、ゆえに意外な発展もある。日本もその一例です。アジア文化の中心である中国から見れば、韓国やベトナムは周辺ですが、日本は亜周辺です。中心から文明を摂取するとしても、全面的にではない。だから、いやなところは受け入れない。だから、未開的ですが、独自に発展し得た。じつは、古代のギリシアやローマがそうだったのです。彼らは、それ以前のペルシア帝国などから見れば亜周辺、つまり野蛮な連中だった。

交換様式Bが強くなると、その中心はダメになっていく。これが古代文明に生じた限界だと思います。そこでは、交換様式Bである国家が市場経済をすべて牛耳っているので、破壊と更新が行われない。それに対して、ゲルマン社会は半ば未開人であった。先行する古代、ギリシア・ローマの文化を適当に受け継ぎながら、同時に、それまでの自分らの文化を維持した。言い換えれば、アジアからくるBやCに抑えられないようなAの要素を保持しようとしたのです。

次に、ゲルマン人のなかでも、その中心は、ローマ帝国を受け継ぐような体制をつくろうとしたのですが、亜周辺には、中心の文明を受け入れつつ、未開性をとどめた社会がある。それがイギリスですね。そして、そこに初めて、産業資本主義が生じた、といえます。しかし、イギリスの歴史が興味深いのは、単に資本主義的発展のためではありません。たとえば、現在でもイギリスは小さな国なのに、いまだに政治的に統一されていませんよね。アイルランド系はいうまでもなく、スコットランドもイギリスから半独立的です。つまり、そこに残る交換様式Aが、国家への従属に抵抗しているのです。

交換様式Dの社会は向こうからやってくる

――中心と周辺だけでなく、その間に亜周辺を見ることは、世界を見るうえで非常に重要だと思います。その亜周辺、もしくは未開性と、柄谷さんの言う観念的な力とは、どのように関係してくるのでしょうか。

柄谷　簡単にいうと、亜周辺や未開性には、交換様式Aが残るということですね。それは、Aの高次元での回復であるDを考えるうえで、重要です。

私は、今後の世界では、戦争が各地で起こると考えています。一九九一年ソ連が崩壊し

た時点で、「歴史の終焉」が語られた。それは、ロシア革命以後に形成された世界体制の終焉を意味します。しかし、それによって「永遠の平和」に近づいたどころではない。それはむしろ、第二次大戦後米ソによって築かれた冷戦体制が終り、それ以前のホットな戦争の時代に戻ったのです。つまり、一九世紀末から続いた「帝国主義戦争」の時代に戻った、ということです。

たとえば、近年では、これまでなかったような「国境」の紛争が、世界各地で発生するようになっています。しかも、それは、山地のみならず、海底・地底・宇宙に及ぶものです。その意味で、二一世紀に入ると、「歴史の終焉」どころか、一九世紀後半以後の帝国主義の歴史をくりかえすことになってしまったのです。

そのことで、私が改めて考えるようになったのは、国連の問題です。つまり、ソ連の崩壊と同様に、それ以後、国連の存在が希薄になってしまったということです。国連（国際連合）の前身は、第一次大戦に勝利した連合国が中心となって、一九二〇年にできた国際連盟です。つまり、ロシア革命が第一次大戦から生じたように、これも大戦の産物として生じたのです。

しかし、この時アメリカは参加せず、ソ連は遅れて加盟した後フィンランドへ侵攻した

ために連盟から外され、そのために無力になっていった。日本とドイツは脱退し、事実上、ほとんど機能しませんでした。国際連盟の設立に大きく影響したとされる『永遠平和のために』（一七九五）などを著したカントの理想主義は、「国家間の紛争は戦争によってしか解決しない」として国家の重要性を強調したヘーゲルを援用しつつ、ボロクソに批判されてしまった。

しかし、私はその点に関して、気付いたことがある。それは、国際連盟の創設者たちが、だいたい貴族であったということです。日本では新渡戸稲造や柳田國男です。彼らは無給でスイスのジュネーブに出かけて行った。国際連盟の初代事務総長を務めたエリック・ドラモンドもスコットランド貴族の出身で、無給でやっている。しかし、それができる貴族だったからこそ、国際連盟は曲がりなりにも成立させられた。彼らは、近代国家以前の貴族だから、国家の力に従属していない。だから、国際連盟の初期には、そうした貴族たちが一定の役割を果たしたわけです。

たとえば、ジュネーブに行った柳田は、委任された国を統治する国際連盟委任統治委員にも就任しています。また、世界共通言語のエスペラントを学び、その普及活動にも熱心で、日本に戻ってもそれを続けた。国連では、このような貴族が多かった。彼らがリベラ

ルだったというよりも、貴族そのものが超国家的な存在で、それがとても重要な要素だったのです。

一方、第二次世界大戦後にできた国連は、米ソが入ったために力をもつようになったけれども、米ソの平和共存のための手段にすぎなかった。だから国連での決議は米ソの思惑に沿うものでしかなく、その一方のソ連が崩壊したことで、国連の役割は事実上、終わってしまった。だから、ソ連崩壊後の国連に、もう意味はないと言われる。無力になったのは確かです。が、消えたわけではありません。それはまだ存在すると、私は思っています。

というのも、国連には「国連システム」という運営のための組織体があって、常任理事国が大きな権力をもつ安全保障理事会もその一つですが、そうではないローカルで小規模な組織も多く参加していて、それぞれが独自の課題をもって独立して活動しているからです。国連のもとで、それらが結び付くことができるのです。それをアソシエーションといってもいい、と私は思います。それによって、諸国家を超えた問題、たとえば、地球規模の環境問題に取り組むための協力体制を築くこともできる。

私は一〇年ほど前に、国連関係の人と交流があったのですが、『世界史の構造』で国連の可能性について書いていたので、英語版を読んだ人から、国連に講演に来てほしいと頼

まれたことがありました。結局これはスケジュールの関係などから実現しなかったのですが、少なくともその時点では、内部の人から聞いた話からも、国連にはまだいろいろな可能性がある、と感じました。今でも、国家間の問題、地球規模の問題を取り扱えるところとしては、特別な存在でしょう。国家も簡単には介入できないからね。

だから、「国連システム」は、国家を超えているという意味では、今でも貴族的なのではないでしょうか。「国連はもう古い」という人もいますが、むしろそれこそ古い考えで、今後、国連システムは世界協同組合のようなものになる可能性をもっているのだから、未来において共産主義ができるとすれば、「国連システム」がその母体の一つとなるはずだと思います。

――そうすると来るべき社会の構造は、交換様式Bの国家やCの資本を進化させるというのではなく、何か新しいもの、交換様式Dを招来するために、まず、これまでの交換様式の考え方を減速させたり、そこから超出することが必要だということでしょうか。

柄谷　そうですね。しかし、Dは、われわれが意識的に計画したりして、実現できるものではない。われわれにできるのは、交換様式Aを意識的にひろげることですね。これは一九世紀のロバート・オウエンやプルードンのようなユートピアンがやろうとしたことで

す。もちろん、それは小規模なもので、国家に対抗できるものではありません。しかし、たとえば、生活クラブ生協のような交換様式Aに立脚する組織がたくさんありますから、意識的に、それらを選ぶことができるわけです。また、先に述べた「国連システム」も、主としてかかわるのは、交換様式Aにもとづく社会ですね。むろん、それらはあくまで小規模であり、むしろ、そうだから、よいのです。

一方、交換様式Dは、われわれが選んだり計画したりすることができるようなものではありません。それは、いわば「向こうからやってくる」ものです。そして、それが到来する時、国家と資本、つまり、BとCの霊たちは消滅することになる。いつそうなるかはわかりません。しかし、必ずそうなるだろうと思う。

たとえば、今では子どもまでスマートフォンを持って、交換様式Cの世界にどっぷり浸かってしまっています。この急激な変化は、いわば物神がもたらしたものです。しかし、たとえば、先に言ったように、最近、東京への流入より東京から流出する人口の方が多くなっています。これはコロナ禍のせいばかりではない。私が交換様式Dとして考える将来の世界の可能性は、そういう変化に似ています。無理にやろうとしてもできないけれど、無理やりやってきたことが破綻した後に、自然に姿を現わすのだ、と……。

——「システムチェンジ」の先にあるものは「新しい資本主義」だという人もいますが、それも結局のところ利益をあげることに収斂してしまいます。

柄谷　そうですね。「新しい資本主義」は、むしろ「新しい国家主義」ですね。資本は交換様式Cで、国家は交換様式Bですが、いずれも交換からくる観念的な力にもとづいている。マルクスがいう「物神」、ホッブズがいう「怪獣」です。それらが人間の頭に深く入っている。だからそう意図したからといって取り去ることはできない。しかし、他のところから別の観念が到来すれば、違ってくる。それが交換様式Dです。それは「神」だといってもいい。

　実際、このことは、キリスト教では「終末論」として語られてきたことです。しかし、私はそれを旧来の言葉では言いたくない。先に言ったように、キリスト教といっても、歴史的には、DよりもA・B・Cが中心でしたからね。一方、交換様式の観点からみると、D的なものは、他の宗教にも、あるいは非宗教的なものにも見出せます。だから、私はDを、宗教の問題として語ることはしません。

（2021・12・15）

交換様式と「マルクスその可能性の中心」

マルクスの『資本論』を「導きの糸」に、
史的唯物論を「科学」として立て直す。
それは交換様式を「土台」とすることによってのみ可能である。
——マルクスの「可能性」との出会いを語る。

1 「交換様式」を見極める二つの困難

今日私は「力と交換様式」について話します。「交換様式」について、すでに何度も書いて来ましたが、最初にそれを考えたのは、二〇世紀の末に、「群像」で『探究Ⅲ』というエッセイを連載していたときです。そのあと、これを全面的に書き直し、『トランスクリティーク　カントとマルクス』という題で出版しました。しかし、それは交換様式に関する考えとしてはまだ初期的なもので、それを練り直すために約一〇年を要しました。その成果が『世界史の構造』（二〇一〇年）です。さらに、それを補う仕事として、『哲学の

起源』、『帝国の構造』のような仕事をしました。また、それに続いて、「Dの研究」という論文を書いた。それは一言でいえば、普遍宗教、あるいは「神の力」に関する考察です。それを交換様式Dから見るものです。

ただ、それを書いている間に、「力」をDだけでなく、他の交換様式A・B・Cについても、もっと考えなければいけない、と思ったのです。そこで、「力と交換様式」と題して論文を書き始めました。この「力」については、これから説明していきますが、簡単にいうと、感覚的・物理的な力ではなく、人を強いるような観念的な力です。それは交換から来るものであり、どの交換から来るかによって、力も違ってきます。

交換において働いている力を見極めるにあたって、困難が二つあります。第一に、交換様式は、経験的に見出されるようなものではない。むしろそれは観念的な力が発現したときに、そこから推測されるような何かです。それはフロイトなら「無意識」と呼ぶようなものです。精神分析では、患者の症例を見て、そこから「無意識」の次元ではどうなのかが推測されるわけです。交換様式に関しても同様であって、それは観念的な力として発現したあとに、推測されるものです。

第二の困難は、交換様式が単独で存在することはめったにないということです。それら

は複数共存し、競争したり相互に支えあったりします。したがって、観念的な力としても、複雑で矛盾したものとしてあらわれる。そこから、交換様式を読みとるのは容易ではありません。その一例として、近代の資本＝ネーション＝国家をあげます。交換様式でいうと、資本はCであり、国家はBで、ネーションはAです。ベネディクト・アンダーソンは、ネーションは「想像の共同体」である、といいました。しかし、資本＝ネーション＝国家はもっと複雑です。三つの交換様式が接合されたものなのですから。したがって、それらがどのように接合されているのかを見分けることは、非常に難しい。

　そのために、私はいろいろ苦労したのですが、それも何とか整理できるようになりました。『力と交換様式』という本は、たぶん来年（二〇二〇年）中には書き終われるだろうと思います。ただ、今日お話ししたいのは、そのことではありません。実は、私はこの秋、アメリカのイェール大学で集中講義をするように頼まれていて、その草稿を準備する過程で、幾つか大事なことを想い出したのです。どうして「交換様式」のようなことを考えるにいたったのか。今日はそれについて話したいと思います。

2　なぜ「交換様式」を考えたのか――ヴェーバー、デュルケーム、フロイト、フーコー

私が交換様式という言葉を考えたのは、一九九〇年代後半、史的唯物論に関して、根本的に考え直そうとしたときです。これまで、オーソドックスなマルクス主義（史的唯物論）では、社会構成体の歴史は、建築的なメタファーにもとづいて、こう考えられていました。それは、観念的・政治的な上部構造と経済的な土台（ベース）または下部構造からなっており、上部構造は下部構造によって規定される、というものです。

具体的にいうと、下部構造とは「生産力と生産関係」です。生産力は人間と自然の関係からくるものであり、生産関係とは生産力に対応して生じる人間と人間の関係である。そして、生産力が増大すると、旧来の生産関係との間に矛盾が生じ、その衝突、すなわち、階級闘争を通して新たな生産関係が作り出される。こうして、経済的な土台の在りようが、観念的・政治的な上部構造の在りようを決定する、というわけです。

このような史的唯物論の規定の中に、すでに「力」という言葉が出ています。生産力がそうです。生産力は科学技術をふくめて多様なものですが、物質的な力といっていいでしょう。一方、上部構造は政治的・イデオロギー的なものです。いわば、観念的な力です。そして、史的唯物論とは、観念的な力は物質的な力によって規定されるという唯物論です。したがって、国家・宗教・芸術などの「上部構造」は、経済的下部構造に規定されること

になる。

　しかし、このような見方は「経済的決定論」として、さまざまな批判にさらされてきました。国家・宗教・芸術などの「上部構造」が、経済的下部構造に規定されることは確かですが、むしろ逆に、それが経済的下部構造に影響を及ぼすことがある。それを最初に指摘したのは、マックス・ヴェーバーです。彼は『プロテスタンティズムの倫理と資本主義の精神』（一九〇四—五年）で、近世西洋における宗教改革が「資本主義の精神」をもたらしたことを指摘しました。つまり、宗教的観念が産業資本主義を始動させたということは、政治的・観念的上部構造が下部構造から自律しており、且つむしろ下部構造を変える「力」を持つことを意味します。

　むろん、ヴェーバーは、そのような宗教改革がそれ自体、経済的下部構造によって規定されていたことを否定したわけではありません。たとえば、生産力でいえば、グーテンベルクによる印刷革命がなければ、ルターが翻訳したドイツ語聖書が普及することはありえなかったでしょう。生産関係でいえば、独立自営農民の出現が大きかった。彼らの中から、産業資本家と産業労働者の両方が出てきたのです。そして、彼らがプロテスタンティズムを支えた、といえます。したがって、ヴェーバーはむしろ、政治的・観念的上部構造と経

済的下部構造の相互規定性を主張したといったほうがいいでしょう。しかし、いずれにしても、ここで大事なのは、産業資本主義が成立するためには、それを強いる、何らかの観念的な「力」が不可欠だったということです。宗教改革からそれは来た、とヴェーバーは考えた。

他方で、エミール・デュルケームは、経済的下部構造に還元されないような上部構造がもつ力を「社会」に見いだしたといえます。彼はそれを「社会的事実」あるいは「集合表象」と呼びました。それは、個人の意識・心理を越えたものであり、また、それらの総和以上のものです。たとえば、デュルケームは、神と呼ばれているものは、実は社会であるという。つまり、彼は神のように働く「力」を、ヴェーバーのように宗教を持ち出すことなく、説明しようとしたといってよいでしょう。（ついでにいうと、ヴェーバーが産業資本主義の発展に貢献するものとしてプロテスタンティズムを評価したのに対して、デュルケームは『自殺論』で、自殺者が少ないという統計的事実から、カトリックを肯定的に評価しました。）

つぎに挙げておきたい例は、ジークムント・フロイトです。デュルケームと同様に、彼も力を「社会」に見いだした、といえます。ただし、その社会は、個人が意識するような外在的対象ではありません。いわばフロイトは社会を「無意識」と呼んだのです。無意識

について考えた者は、彼の前にも後にもいます。しかし、彼の場合、無意識とは強迫的な力にかかわるもので、社会と切り離せない。そのことは、彼の後期の仕事において一層顕著となってきます。たとえば、最晩年に彼は、マルクス主義について次のように述べています。

> マルクス主義のすぐれたところは、察しますに、歴史の理解の仕方とそれにもとづいた未来の予言にあるのではなく、人間の経済的関係が知的、倫理的、芸術的な考え方に及ぼす避けがたい影響を、切れ味鋭く立証したところにあります。これによって、それまではほとんど完璧に見誤られていた一連の因果関係と依存関係が暴き出されることになったわけです。しかしながら、経済的動機が社会における人間の行動を決定する唯一のものだとまで極論されますと、私たちとしましては、受け入れることができなくなります。さまざまに異なった個人や種族や民族が、同じ経済的条件下にあってもそれぞれ異なった動きをするというまぎれもない事実ひとつを見ただけでも、経済的契機の専一的支配というものが成り立たないことが分かるはずです。そもそも理解できないのは、生きて動く人間の反応が問題になる場合に、どうして心理的ファクターを無視してよいわ

けがあろうかという点です。と申しますのも、経済的諸関係が生み出されるところにはすでに、そうした心理的ファクターが関与していたはずだからですし、そればかりか、経済的諸関係の支配がすでに行き渡っているところでも、人間は、ほかでもない、自己保存欲動、攻撃欲、愛情欲求など、自らの根源的な欲動の蠢きを発動させ、快獲得と不快忌避を衝迫的に求めるからです。あるいはまた、以前の探究で超自我の重要な要求について論じておきましたように、超自我が、過去の伝統と理想形成を代表し、新たな経済状況からの動因に対してしばらくのあいだは抵抗したりもするわけです。（「続・精神分析入門講義」、『フロイト全集21』、岩波書店）

こうして、ヴェーバー、デュルケーム、フロイトはそれぞれ、史的唯物論、つまり、「生産力と生産関係」では把握できない、観念的な力を見いだし、それを何とか説明しようとしたわけです。そして、その出所を「経済的下部構造」ではない、宗教や社会や無意識に求めた、といえます。以上の人たちに加えて、時代は後になりますが、国家に独自の「力」を見出そうとした者として、ミシェル・フーコーを挙げてもよいと思います。

彼は、国家を経済的な下部構造の上に置かれた抑圧的な暴力装置として見る唯物史観に

反対しました。彼の考えでは、国家には、もっと生産的な「力」がある。たとえば、それは「学校や兵営や施療院や工場」を通して産業労働者を「生産」します。つまり、職人と違って、集団的な規律をもち新たな職種に対応できるような人々を創り出す。つまり、マルクスのいう「労働力商品」を創りだすのは国家である。しかし、それは、暴力装置としての国家ではありません。フーコーは国家の力を、つぎのような場所に見出しました。

《国家機関より下層の別の次元に、それとある程度独立した形の大きな権力装置が存在し、それが常に衰えることなく凄まじい力を及ぼし続けていること、そして、その装置が——少なくとも司法機関や軍隊といった国家の中枢機関と同程度には——社会体を堅固で安定したものに維持していること》(『フーコー・コレクション4　権力・監禁』)。

これは、つぎのようなことを意味します。国家機関は上部構造だが、ここで「凄まじい力」を及ぼすのは、それよりも「下層の別の次元」に存在する何か、である。すると、彼が示唆したのは、上部構造としての国家がもつ独自の力が、それより「下層の別の次元」から来る、ということです。では、それは何なのか。フーコーはそれ以上に問わなかった。私の考えでは、もしそれを問うなら、交換様式を見出すことになるはずです。

いずれにせよ、以上の人たちは、たんに経済的な下部構造に規定されるのではないよう

な力、また観念的と見える力が、上部構造の中のどこかにある、と考えたといえます。そして、それを、社会とか、無意識とか、国家に見出そうとした。

ところで、このような批判に対して、経済的下部構造による全面的決定論を主張した者はいなかった。たぶんいたはずですが、説得力をもたなかった。たとえば、エンゲルスも、そんな経済決定論を否定していましたから。したがって、「経済的動機が社会における人間の行動を決定する唯一のものだとまで極論」するようなマルクス主義者はいなかった、といっていいでしょう。だから、彼らがこのような批判を受け入れたのは当然です。そこで、観念的上部構造は経済的土台に規定されるとしても、相対的に自律性をもつ、というような見方が標準的になりました。しかし、こうなると、経済的土台はあえて強調するほどのものではなくなってしまいます。かくして、史的唯物論は柔軟なものとなったのですが、同時に、力を失った。その「力」はむしろ「決定論」から来ていたからです。

このような経済的決定論からの解放は、別に、われわれの認識を解放したわけではありません。その結果、つぎのようなことになっただけです。たとえば、経済だけでなく、政治、宗教、社会心理、メディア、その他のいろいろな次元を考察し、それらを綜合すればよい、ということになる。これが、今大学などで標準化した、人文・社会科学のやり方です。

さらにいうと、史的唯物論における「経済的決定論」はたんに、資本主義にいたるまでの社会の歴史を説明するものではなかった。それはむしろ、資本主義社会の後に「共産主義」が必然的に到来することを告げるものでした。だから、この意味での「決定論」を否定するなら、共産主義の必然も否定されざるをえない。そして、一九九〇年代には、ソ連邦の崩壊とともに、「社会主義の終り」、あるいは「歴史の終り」が唱和されるようになったのです。

私が経済的下部構造として「交換様式」を発見したのは、九〇年代の末でした。交換様式は生産様式よりもっと下方に、そして、よりベーシックな次元にある。たとえば、史的唯物論では、生産関係はつぎのように変わります。主人と奴隷（古代）、封建領主と農奴（中世）、資本家と賃労働者（近代）。これらはいずれも支配―被支配関係なのですが、その形態が違います。主人と奴隷は全面的な支配―被支配関係ですが、領主と農奴は一定の契約にもとづく双務的な関係です。もし領主が農奴を保護することを十分にはたさないなら、農奴は都市に逃亡してしまう。また、領主はそれを止められない。資本家と賃労働者の場合、相互の合意による契約にもとづく関係です。これらの違いは、「交換様式」の違いから来ています。生産関係が変わるのは、その基底にある交換のあり方が変わるからです。

したがって、社会的関係の「土台」(下部構造)は「交換様式」にある、といわねばならない。

3 マルクスの「可能性」との出会い

そのように考えたとき、私はすでに還暦に近づいていました。私は先ず、その認識を『トランスクリティーク』に書きました。しかし、そこにいたるまでに、長い紆余曲折があったのです。

ここでふりかえって見ますと、私がマルクス主義について考えるようになったのは、一九六〇年に大学に入った頃からです。それは安保闘争の最中でした。つまり、日本で新左翼の運動が開花した時期です。その時期、大まかにいうと、三つの流れがあった。それらはいずれも、マルクスの仕事に由来するものです。一つは、初期マルクス(疎外論)に向かうもので、詩人・文学批評家吉本隆明(1924—2012)に代表される、といっていいでしょう。もう一つは、史的唯物論を、初期マルクスを超克するものとして読み直し再建しようとするものであり、哲学者廣松渉(1933—1994)に代表されます。第三に、マルクスの独自性を『資本論』に見いだすもので、経済学者宇野弘蔵(1897—

1977）に代表されます。

マルクスの仕事は、生涯の前・中・後期にわたって、彼が移動した場所と学問に応じて変化しています。たとえば、ドイツの哲学、フランスの政治思想、イギリスの経済学。そして、それらはいずれも、他に還元できないような意味と価値をもっています。私はこのような思想家の例をほかに知りません。さらに、これらの諸要素が揃い且つ競い合うという現象が、ほかならぬ、この時期の日本に起こった。そして、おそらくこの時期だけです。

私はこの時期に、以上の三人から、それぞれ影響を受けました。あとで述べますが、それによって、私は思想家マルクスの「可能性」に出会ったといえます。たとえば、私が文学批評に向かったのは吉本隆明の影響です。一方、私が、吉本の依拠した初期マルクスの理論を斥けるようになったのは、一つには、年上の友人であった廣松渉の影響です。彼は、アルチュセールが同じ時期に初期マルクスの「認識論的切断」と呼んだような過程が、実際はエンゲルスによって先取りされたということを、文献を精査して実証しました。しかし、私はこの二人からよりも、宇野弘蔵から深い影響を受けたと思います。

史的唯物論は社会構成体の歴史を生産様式（生産力と生産関係）という経済的土台から見るものですが、『資本論』はそれとは違います。『資本論』は、商品交換から始め、商品

物神が貨幣物神に、さらに資本物神に発展し、全社会を編成し規制するにいたる過程を把握して、それによって、資本制経済を解明する、というような仕事です。したがって、史的唯物論と『資本論』の違いは明らかなのですが、マルクス主義者は概してそれを無視し、何とかそれらを接合しようとしていました。その中で、宇野はそれらを峻別し、史的唯物論は〝イデオロギー〟であるが、『資本論』は〝科学〟である、と主張したのです。いいかえれば、『資本論』は、史的唯物論を「導きの糸」として参照しながらも、それとは異なる観点と方法によって書かれたものだ、ということです。

宇野の考えでは、『資本論』は、産業資本の致命的な欠陥を示した。それは、産業資本が本来商品となりえない労働力を商品とすることによって存立していることです。この特殊な商品は、必要だからといって、急に生産することができないし、不要だからといって始末することもできない。そのことが資本主義経済に、決して解消し得ない困難と危機を必然的にもたらす。これは、今日も起こっている事態です。たとえば、少子・高齢化や移民の問題。

しかし、そのことは別に、資本主義の消滅や共産主義到来の「必然性」を示すものではありません。実際のところ、マルクスもこう述べていました。《共産主義とは、われわれ

にとって成就されるべき何らかの状態、現実がそれへ向けて形成さるべき何らかの理想ではない。われわれは、現状を止揚する現実の運動を、共産主義と名づけている。この運動は現にある前提から生じる》(『ドイツ・イデオロギー』)。共産主義は現実に資本主義経済によって生じた条件の中にひそんでいる。マルクスは共産主義に関して、それ以上のことを語らなかったし、語ることを拒絶した。

私も一九六〇年以来、そのような姿勢でいました。「現状を止揚する現実の運動」が重要だ。そして、「現にある前提」は多種多様である。それはたんなる階級闘争に還元できないような諸問題をふくむ。たとえば、女性やマイノリティ、自然環境などの問題を。そして、それらと取り組むことが、つまり、「現状を止揚する現実の運動」こそが共産主義である、と。

宇野弘蔵についてさらにいうと、『資本論』の読解に関しても、彼は独創的でした。一般に、『資本論』はアダム・スミスやリカードら古典派経済学者の「労働価値説」を受け継ぐものだと見なされていますが、宇野は『資本論』では、生産よりむしろ交換が重視されていること、また、資本はその本性において商人資本であることを強調したのです。私は宇野の考えに説得されて、経済学部に進んだ。そこでは、すでに宇野は隠退していまし

たが、宇野学派の教授が大勢いました。しかし、まもなく私は経済学への関心を無くした。そのとき、私は『資本論』への関心を捨てたわけではありません。ただ、それを経済学者として研究する気にならなかったのです。

4 『資本論』を「導きの糸」に

私にとって、『資本論』が照明した資本主義経済は、物質的というよりも、信用にもとづく観念的上部構造であるように見えました。そして、それは生産よりも、交換の困難から生じたものである。たとえばマルクスは、「交換は共同体と共同体の間で始まる」と書いています。その場合、見知らぬ不気味な他者との交換を保証するような「力」は、どこから来るか。彼はそれを、物に付着する霊、つまり、物神（フェティシュ）に見いだしたのです。その意味で、『資本論』はフェティシュ（商品物神）がマモン（資本物神）に発展する過程を描いた作品であると私は考えました。が、そのようなものとして『資本論』を読むことは、経済学の領域ではありえなかったのです。かといって、それは哲学の領域でもありえなかった。

マルクスはいう。《商品は、一見したところ、わかりきった平凡な物に見える。だが、

これを分析してみると、きわめて面倒なもの、形而上学的な小理屈や神学的な偏屈さでいっぱいのものであることがわかる》（第一巻第一章第四節）。つまり、『資本論』は、たんに形而上学や神学の問題を斥けるのではなく、それらを「わかりきった平凡な物」の中に見いだすような著作なのです。私はそれを論じることができるのは、文学批評以外にないと考えました。それで、大学の学部を終えた後、大学院の英文学科に進んだのです。そして、文芸批評家となった。

しかし、私が実際にマルクスに関して書くようになったのは、一九七三年、すなわち、文芸批評家として二冊本を出したあとです。私は「マルクスその可能性の中心」という評論を文芸誌「群像」に連載しました。これは、先に述べたように、マルクス思想の「可能性」が何であり、どこから来るのかを考える試みでした。そのあと、一九七五年に客員教授としてイェール大学に行き、「日本近代文学」について講義しました。のちに、それを『日本近代文学の起源』（一九八〇年）として出版したわけです。これが英訳された私の最初の著書となった。

しかし、私にとって大きかったのはむしろ、そこで比較文学科の教授ポール・ド・マンに会ったことです。私が日本でマルクスについて書いたといったら、彼は、読ませてくれ

といった。それで、私は書いたものを英語に訳して渡したのです。彼はそれを読んですぐに、彼が編集していた雑誌に載せたいといってくれた。結果的に、私はそれを断わりました。日本に帰って、根本的に書き直すといって。私は実際、日本でそれを根本的に書き直したのです。が、それを英語で出すことはなかった。ただ、このことが、その後私が考えたことに、動機づけ・方向づけを与えたのはまちがいありません。

私がこのような縁をあらためて痛感したのは、先ほどいったように、イェール大学で集中講義をするように頼まれたときです。もちろん、今回は日本近代文学ではなく、交換様式についてですが。また、それと同時に、「マルクスその可能性の中心」の英語版（Marx: Towards the Centre of Possibility）を出す企画が進んできたので、序文を書いた。これは来年（二〇二〇年）三月、Verso から出版されます。そのような縁が重なったので、自分の考えてきたことをふりかえる機会が来たのではないか、と思ったのです。

ところで、私が一九七三年ごろにマルクス論を書いたことには、もう一つの理由があります。その前年に、連合赤軍事件があり、私はそれについて、直接言及はしなかったけれども、「意味という病」という文学評論（マクベス論）を書きました。この時期は、新左翼運動が西洋諸国でも破綻し、「マルクス主義の終焉」という声が支配的となっていました。

私にとってそれは新しくもなかった。そのような声は六〇年代の初めにもあり、私が『資本論』を熟読するようになったのは、むしろそのような状況においてであったからです。だからこそ、「マルクスその可能性の中心」を考えようとした、といえるでしょう。

たぶん、私が一九九〇年代の末に、「交換様式」という考えを着想したことについても、同じことがいえます。ソ連邦が崩壊し、「歴史の終焉」を唱える世界的コーラスが起こった。私が史的唯物論について考えようとしたのは、そのときです。このころから、マルクス主義（史的唯物論）は古くなったが、『資本論』はまだ読むに値するというような評価が出てきました。私は、それはつまらない見方だと思います。この時点で私が考えたのは、『資本論』を再評価することではなく、いわば『資本論』を「導きの糸」として、史的唯物論を「科学」として建て直すことでした。そして、それは生産様式ではなく交換様式を「土台」とすることによってのみ、可能である、と。今、思うのは、それこそが「マルクスその可能性の中心」だったのではないか、ということです。

5 『資本論』と史的唯物論の関係

ここで、あらためて、『資本論』と史的唯物論の関係について簡単に説明しておきます。

マルクスに関して、一般にはこう考えられています。彼は初期の段階で、フォイエルバッハにもとづいて、ヘーゲルの観念論的哲学を批判し唯物論的に転倒した、さらに『ドイツ・イデオロギー』の段階では、フォイエルバッハを批判するとともに、ヘーゲルの観念論的な歴史観を唯物論的に転倒する歴史観を提示した、と。しかし、廣松渉が文献学的考証によって示したように、史的唯物論を先駆的に唱えたのは、年少のエンゲルスでした。

実は、それに関して、承知しておくべきことが一つあります。マルクスもエンゲルスも、彼らより少し年長のモーゼス・ヘスから、「交通」Verkehr という概念を受け取っていたことです。ヘスは、この概念を交通、交易、交換、性交、戦争その他多様な意味で用いた。たとえば、『ドイツ・イデオロギー』で、マルクスとエンゲルスは「戦争は一つの正常な交通形態である」という。そして、「歴史上のあらゆるあつれきは、われわれの見方によれば、その根源を生産諸力と交通形態の間の矛盾のうちにもっている」と。つまり、彼らは最初からヘスの影響で、商品交換に限定されない広い意味での「交換」を重視していたのです。

さらに、ヘスが重要なのは、彼がいう意味での「交通」が、人間と人間の間だけでなく、人間と自然の間の関係にもあてはまるということです。通常、人間と自然との関係は、生

産力、すなわち、人間が自然を操作し活用するという観点から見られます。しかし、ヘスの考えでは、人間と自然の関係は交通（交換）である。具体的にいうと、それは物質的代謝です。これについては、最後に論じます。

　つぎに、エンゲルスは一八四〇年代初期にイギリスに滞在し、ドイツにはまだなかった産業資本主義とそれに固有の労働運動（チャーチスト運動）を見いだしました。そして、そこから、人類社会史を通観する視点を得た。それはまだ哲学的な議論に耽っていた、ヘスやマルクスをふくむヘーゲル左派にはなかったものです。それは『国民経済学批判大綱』（一八四四年）や『イギリスにおける労働者階級の状態』（一八四四年）に示される。したがって、『ドイツ・イデオロギー』（一八四五―六年）において示された史的唯物論は、エンゲルスのイニシャティブによってもたらされた、というべきなのです。

　ところが、エンゲルスはのちにこう述べた。《これら二つの偉大な発見、すなわち唯物史観と、剰余価値による資本主義的生産の秘密の暴露とは、マルクスのおかげでわれわれにあたえられたものである》（『空想から科学への社会主義の発展』一八八〇年）。これらは事実に反します。剰余価値については、リカード派左派が先行していたし、唯物史観については、むしろエンゲルス自身の〝発見〟であったからです。だから、マルクスもそれを自

分の創見として語らなかったのです。たとえば、一八五〇年代後半に本格的に「経済学批判」の仕事に入ったとき、彼はつぎのように述べました。

わたくしの研究にとって導きの糸として役立った一般的結論は、簡単につぎのように公式化することができる。人間は、その生活の社会的生産において、一定の、必然的な、かれらの意志から独立した諸関係を、つまりかれらの物質的生産諸力の一定の発展段階に対応する生産諸関係を、とりむすぶ。この生産諸関係の総体は社会の経済的機構を形づくっており、これが現実の土台となって、そのうえに、法律的、政治的上部構造がそびえたち、また、一定の社会的意識諸形態は、この現実の土台に対応している。物質的生活の生産様式は、社会的、政治的、精神的生活諸過程一般を制約する。人間の意識がその存在を規定するのではなくて、逆に、人間の社会的存在がその意識を規定するのである。（……）経済的基礎の変化につれて、巨大な上部構造全体が、徐々にせよ急激にせよ、くつがえる。このような諸変革を考察するさいには、経済的な生産諸条件におこった物質的な、自然科学的な正確さで確認できる変革と、人間がこの衝突を意識し、それと決戦する場となる法律、政治、宗教、芸術、または哲学の諸形態、つづめていえば

> イデオロギーの諸形態とをつねに区別しなければならない。（……）大ざっぱにいって、経済的社会構成が進歩してゆく段階として、アジア的、（古典）古代的、封建的、および近代ブルジョア的生産様式をあげることができる。ブルジョア的生産諸関係は、社会的生産過程の敵対的な、といっても個人的な敵対の意味ではなく、諸個人の社会的生活諸条件から生じてくる敵対という意味での敵対的な、形態の最後のものである。しかし、ブルジョア社会の胎内で発展しつつある生産諸力は、同時にこの敵対関係の解決のための物質的諸条件をもつくりだす。だからこの社会構成をもって、人間社会の前史はおわりをつげるのである。（『経済学批判』序言・武田隆夫他訳、岩波文庫）

マルクスが単独で「史的唯物論」の「公式」を説明したケースは、これ以外にありません。しかし、この文章から読み取れるのは、彼がこれを自分の創見として提示したのではない、ということです。むしろ、マルクスがここでいいたかったのは、これは社会構成体の歴史全般を見るための「導きの糸」として役立つだろうが、これから自分がおこなうこと、つまり、資本主義経済を解明する仕事では、別の観点からおこなうということなのです。先に述べた、『資本論』は科学で、史的唯物論はイデオロギーだという、宇野弘蔵の

見方はここから来ています。

マルクスがここで述べたことは、『資本論』第一巻の第二版あとがきで述べたことと直結しています。彼はそこで、つぎのようにヘーゲルを称賛しました。すでにヘーゲルがドイツで「死んだ犬」として扱われていた時期に、それまでヘーゲルの観念性を痛烈に批判していたマルクスが、その態度を変えたのです。

> 私は自分があの偉大な思想家の弟子であるとおおっぴらに認め、しかも、価値論に関する章のあちこちでヘーゲル特有の表現法におもねることさえした。弁証法がヘーゲルの手中で神秘化されたとしても、このことによって、弁証法の一般的な運動形態を最初に包括的または意識的に述べたのが彼であったということは、いささかも妨げられるものではない。弁証法は、ヘーゲルのばあい、頭で立っている。神秘的なヴェールのなかに合理的な核心を発見するためには、それを、ひっくりかえさねばならない。

この有名な発言には誤解を与える点があります。ある意味で、マルクスはヘーゲルの観念論的哲学を「ひっくりかえす」ことを若いときからやってきたといえるからです。しか

し、『資本論』における転倒はそれらと違っている。彼はここで、むしろヘーゲルの論理的叙述に忠実に従ったのです。それは「価値論のあちこち」だけではない。『資本論』の全体系においてそうなのです。それを可能にしたのは、マルクスが資本制経済の中に一種の「精神」の活動を見いだしたからです。

それが彼のいうフェティシュ（物神、物に憑く霊）です。先に述べたように、彼が『資本論』で書いたのは、商品物神が貨幣物神、資本物神へと発展し、社会総体を組織してしまう歴史なのです。《貨幣物神の謎は、商品物神の謎の、目に見えるようになった、眩惑的な謎にすぎない》。マルクスはこれを、精神が自然的・直接的な形態から発展して自己実現するというヘーゲルの論理に忠実に従って編成したわけです。むろん、精神（ガイスト）が霊（ゴースト）に「ひっくりかえ」されていますが。

とはいえ、彼は『資本論』の第三巻の草稿を書いたとき、株式資本あるいは金融資本にかんして十分に論究しなかった。一つには、一八六〇年代前半ではそれはまだ兆候的なものでしかなかったからです。彼の死後、エンゲルスが第三巻を編集し、株式資本について加筆したが、十分ではない。しかし、マルクスはヘーゲルの論理に依拠して『資本論』を構想したとき、すでに次のことを意識していたはずです。たとえば、冒頭に、つぎのよう

な言葉がある。《資本主義的生産様式が支配している社会の富は、厖大な商品の集積としてあらわれ、個々の商品は、その富の基本的形態としてあらわれる。だから、われわれの研究は、商品の分析から始まる》。重要なのは、この「厖大な商品の集積」の中に、資本そのものが含まれるということです。すなわち、商品として売買されるような資本、すなわち株式資本です。この意味で、『資本論』は、資本物神が商品から自己実現するにいたる全過程を、ヘーゲル的論理に沿って書いたものなのです(1)。

むろん、マルクスはこのとき、ヘーゲル哲学に回帰したわけではありません。ヘーゲル哲学では、精神は高邁なものであり、自然的・直接的な形態から発展して自らを実現するにいたると見なされているのですが、『資本論』では、物に憑いた得体の知れない霊が産業資本として全社会を牛耳るにいたる過程が描かれる。その意味では、『資本論』はヘーゲル哲学を唯物論的に「ひっくりかえす」ものです。しかし、この場合、マルクスは観念的な力をたんに斥けたのではない。それを観念的あるいは宗教的な倒錯として斥けるかわりに、それがどこからいかにして来るのかを唯物論的に明らかにしようとしたのです。そして、それを〝経済的〟な次元に見ようとした。ただしそれを、生産ではなく、交換において見出したのです。それが、私が「交換様式C」と呼ぶものです。

6　フェティシズムという観念的な力

一般にマルクスは『資本論』で、労働価値説、つまり、商品の価値がその生産に要した労働（時間）にあるという説を唱えた人だと見られています。しかし、それは本来、アダム・スミス、リカードら国民経済学（古典派経済学）の考えです。実は、剰余労働の搾取という考えさえ、リカード派社会主義者（ウィリアム・トムプスンに代表される）の見解です。マルクスがそれらを受け継いでいることは確かですが、『資本論』の本領はそんな所にはない。その副題である「国民経済学批判」、すなわち、古典派経済学の批判にこそあるのです。

古典派は生産を重視し、交換を副次的なものと見なした。というのも、アダム・スミスが理論的な標的とした重商主義の論客が交換（交易）を重視したからです。彼らは貨幣に特別な力があると見なしたので、交易を通してそれを蓄積することを至上化し、保護主義的な政策をとった。一方、スミスは貨幣に特別の地位を与えなかった。商品の価値はそこに内在する「労働」であり、貨幣はそれを表示する手段でしかない。《労働が唯一の正確な価値尺度である。——労働は、すべての商品の真の価格であり、貨幣はその名目上の価

格であるにすぎない》（『国富論』）。ゆえに、自由貿易がふさわしいということになります。

マルクスはこのような労働価値説を継承したように見えますが、その線上で考えたのではありません。むしろ、スミスの批判した重商主義に立ち帰って考えた。いいかえれば、問題を生産ではなく、交換から考えようとしたのです。もちろん、マルクスは重商主義者と同様の意味で貨幣を重視したのではありません。ただ、貨幣をスミスのように幻想として斥けるのではなく、なぜそれが特別の「力」をもつのかを解明しようとしたのです。彼の考えでは、この力は、物の生産においてではなく、その交換において生じます。

《商品は、一見したところ、わかりきった平凡な物に見える。だが、これを分析してみると、きわめて面倒なもの、形而上学的な小理屈や神学的な偏屈さでいっぱいのものであることがわかる》（第一巻第一章第四節）。実際、その通りです。商品はたんなる生産物ではなく、生産物が交換されるときに生じる形態である。《物の使用価値は交換なしで、したがって、物と人との直接的関係のなかで実現されるが、その価値のほうは、逆に、交換のなかで、つまり社会的過程のなかでしか実現されない》。交換において、物は「感覚的でありながら超感覚的なものに転化してしまう」。商品の価値とは、そのとき物に付着した何かです。《それは労働生産物が商品として生産されると、ただちにそこに付着するもの

であり、それゆえ商品生産と不可分のものである》。マルクスはそれをフェティシュ（物神）と呼んだのです。

彼がここに見たのは、商品交換において、「人間の頭脳の産物」であるにもかかわらず、「固有の生命」をもち人間を強いる「力」が存在するという事実です。それがマルクスのいうフェティシズムです。彼がそう述べたのは、それをたんに幻想や迷妄として批判するためではなかった。フェティシズムは交換において存在する〝超感覚的〟な力であるが、これがなければ、単純な物々交換さえ成り立たないのです。マルクスがこのとき、一八世紀フランスの思想家ド・ブロスが最初に定式化したフェティシズムという概念を持ちこんだのは、その現象を揶揄するためではなかった。交換の問題を太古の段階に遡って見るためです。

マルクスは交換の起源をつぎのような場所に見ていました。《商品交換は、共同体の終わるところに、すなわち、共同体が他の共同体または他の共同体の成員と接触する点に始まる》（『資本論』第一巻）。重要なのは、交換が、共同体の内部ではなく、その外にある共同体との間、つまり、見知らぬ、したがって、不気味な他者との接触において始まるということです。だからこそ、そのような交換は、人々のたんなる同意や約束ではない、強制

的な「力」を必要としたのです。それがフェティシズムにほかならない。交換がもたらす価値、つまり、観念的な力です。

マルクスの考えでは、貨幣はそのような物神性が発展した形態です。そして、それが資本物神となるにいたる過程を論じたのが『資本論』です。しかし、マルクス主義者は、このようなフェティシズム論について必ず言及するにもかかわらず、それを真面目に検討しなかった。そして、ルカーチ以後、フェティシズムは、物象化の問題としていいかえられるようになりました。ルカーチによれば、「人間が作った物が固有の法則性をもって人間を支配する」という事態が物象化です（『歴史と階級意識』一九二三年）。日本では廣松渉がそれを拡張して、物象化とは、本来関係としてしか存在しないものを対象物として見てしまうことだ、と考えた。そうなると、仏教の龍樹（ナーガールジュナ）の「中論」、あるいは京都学派の哲学などと結びつくことになります。

しかし、ここで重要なのは、関係一般あるいは社会関係一般ではなく、共同体と共同体の間の交換において生じる問題です。これによって生じる社会的関係は、物象化論者たちがいうようにフェティシズムによって隠蔽されるのではない。その逆に、フェティシズムなしには、このような社会的関係が成り立たないのです。

7　交換様式AとCの歴史的出会い直し

マルクスはフェティシズムという概念、あるいは「霊が付着する」という言い方を、二度としなかったと。しかし、彼は、「付着する」という言い方をその後もくりかえしています。彼の考えでは、貨幣とは物に、一般的価値形態あるいは貨幣形態が「付着」した状態である。ゆえに、貨幣には、他の物と交換できる「力」がある、というのです。それゆえにまた、それは貨幣を得ようとする欲望をもたらす。それは何らかの使用価値への欲望とは異なる。いつでも物を手に入れることができる権利、すなわち力への欲望です。

そのことを端的に示すのは、守銭奴（貨幣蓄蔵者）です。マルクスはいう。《貨幣蓄蔵者は、黄金物神のために自分の欲情を犠牲にする。彼は禁欲の福音に忠実なのだ。……勤勉、節約、そして、貪欲が彼の主徳をなし、多く売って少なく買うことが、彼の経済学のすべてをなす》（『資本論』第一巻）。さらに、こう述べています。

> こういう絶対的な致富衝動、こういう情熱的な価値追求は、資本家にも貨幣蓄蔵者にも共通のものであるが、しかし貨幣蓄蔵者が狂気の資本家でしかないのに対して、資本

家のほうは合理的な貨幣蓄蔵者である。貨幣蓄蔵者は、資本の休みなき増殖を、貨幣を流通から救い出そうとすることによって追求するが、より賢明な資本家は、貨幣をつねに新たに流通にゆだねることによって達成するわけである。

貨幣のこのような力は何なのか。それは、彼が貨幣物神と呼んだものです。くりかえしますが、マルクスは、フェティシズムをたんに嘲笑的な言葉として用いたのではありません。そのとき、彼は商品交換の起源を人類学的に考察しようとした、というべきです。それは、商品交換以前の交換に遡って見ることです。

フェティシュ（物神）という概念は、ド・ブロスが最初に定式化したものですが、元来、アフリカの住民の間で行われていた護符・呪物崇拝を意味していました。このfeiticoという言葉はアフリカの言葉ではありません。フェティシズムの言語的起源を問うたウィリアム・ピーツによれば、それはラテン語から来るピジン語であり、一五世紀にポルトガルの商人たちが西アフリカ沿岸でアフリカ人と交易したことから生じた、という（『フェティッシュとは何か――その問いの系譜』、杉本隆司訳、以文社）。以来、一六世紀から一七世紀にかけて、スペイン人、さらにオランダ人が西アフリカに交易のために到来したわけです

が、その間にこの言葉が定着した。一八世紀にド・ブロスがそれを理論化し、キリスト教でいう偶像崇拝と区別して、フェティシズムと呼んだわけです。

私の考えでは、フェティシズムは、のちにマルセル・モースが贈与交換（交換様式A）として考察した問題につながっています。したがって、マルクスが貨幣形態の起源を論じる際にフェティシズムをもってきたのは、交換様式Cの源泉にAを見いだしたことを意味するのです。ただ、ここで興味深いのは、フェティシズムという語がそれ自体、「共同体と共同体の間の交換」から始まったということです。

ポルトガル人らは、アフリカ人が西洋でガラクタと見なされている物を得るためにすすんで金を手放すのを見て驚きあきれ、それをフェティシュと呼ぶようになった。しかし、そのときポルトガル人らは、金を求めてこんな遠隔地までやってくることについては、フェティシズムだとは夢にも思わなかったのです。したがって、フェティシズムという言葉は、アフリカ人あるいは未開人から来たというより、彼らと貨幣物神に深く染まったヨーロッパ人との「交換」において生まれたといえます。その意味で、フェティシズムという語は、交換様式AとCの歴史的出会いを刻印するのです。

ところで、フェティシズムという概念は、『資本論』第一巻（一八六七年）が刊行されて

まもなく、人類学からは消えてしまった。その理由の一つは、エドワード・B・タイラーが『原始文化』（一八七一年）で提唱したアニミズムという概念が圧倒的な影響力をもったことにあります。さらに、フェティシズムは、一八八八年に心理学者アルフレッド・ビネーが『性的精神病理』で性的逸脱（倒錯）の意味で使って以後、もっぱらその意味で受けとられるようになった。そのような経緯があったため、フェティシズムは、時が経てば経つほど、むしろ倒錯性を示す比喩として受けとられるようになったのです。

しかし、何度もいいますが、マルクスはフェティシズムをたんに嘲笑的な意味で用いたわけではありません。事実、マルクスは最晩年の一八八二年に、ジョン・ラボックの『文明の起源と人類の原始状態』に関して摘要を書き、そこでフェティシズムについて肯定的に言及したのです。[2] そして、それは彼が、モーガンの『古代社会』について詳細な摘要を書き、未来の共産主義社会を、氏族社会の〝高次元での回復〟として見る考えにいたったこととつながっています。

8　交換様式CからAとBへ

先述したように、マルクスがフェティシズムをもってきたとき、商品交換、つまり、交

換様式Cの根底に、交換様式Aがあることを示唆していました。それは、モースがいう贈与の互酬です。先に私は、社会学者デュルケームが、上部構造における力の源泉を「社会」に求めたと述べました。しかし、その甥であるマルセル・モースは、それを「社会」のようなものではなく、「交換」に、つまり、経済的な事柄に見出したのです。贈与交換において、それを強いるのは霊です。つまり、贈与される物に付着している霊です。モースは、そのようにいったため、彼の影響を受けた人類学者、レヴィ＝ストロースやマーシャル・サーリンズらに非難されました。それは、マルクス主義の哲学者が、マルクスが「フェティシズム」といったことを、非難はしなかったけれども、もっぱらそれを冗談として受け取り、「物象化」といいかえたことと似ています。

マルクスが『資本論』で扱ったのは交換様式Cだけですが、それは交換様式Aにつながるものです。また、そこには交換様式Bにつながる考察もあります。そして、それはホッブズによる認識と切り離せないと私は思います。たとえば、マルクスは『資本論』序文でつぎのように述べました。《経済的諸形態の分析では、顕微鏡も化学的試薬も用いるわけにはいかぬ。抽象力なるものがこの両者にとってかわらねばならない》。

商品交換の始原を問う場合、このような「抽象力」が不可欠です。歴史的な実証にもと

づくことができないからです。マルクスがおこなったのは、貨幣の始原を、商品交換によって成り立つ「商品世界」において、商品たちが、ある商品を一般的等価物（貨幣）として承認するにいたる過程を示すことでした。彼はそれをつぎのように説明しました。《商品として、それは商品世界の市民なのである》。そのように述べたとき、彼がホッブズを念頭においていたことは、疑いありません。

それはまた、マルクスがそこで、新約聖書を引用したことからもいえます。《彼らは心を一つにして、自分たちの力と権威を獣に与える。このしるしをもたない者はだれも売買ができないようにした。このしるしは、獣の名、またはその名の数字である》（『ヨハネ黙示録』）。このように述べたとき、彼は、別の「獣」を旧約聖書から引用して類似した事柄を論じた人物を念頭においていたはずです。それは『リヴァイアサン』を書いたホッブズです。

周知のように、ホッブズは、国家の成立を主権者の成立に見ました。主権者は、万人が万人に対立する自然状態において、人々が自然権を一人の者に譲渡することによって成立する。ホッブズはそれを社会契約と呼びました。彼がいう「契約」とは、「恐怖に強要された契約」です。《たとえば、もしも私が敵にたいして、自分の生命の代わりに身代金とか労働を支払うという契約を結ぶならば、私はそれによって拘束される。というのは、そ

れは一方は生命を得、他方は金または労働を得るという契約だからである》（『リヴァイアサン』）。

普通、「恐怖に強要された契約」は無効と見なされます。しかし、ホッブズはそれも契約だというのです。その意味で、服従すれば保護されるというような関係は一種の交換である、といえます。私はそれを交換様式Bと呼びます。たとえば、グラムシは、自発的な服従にもとづく強制力をヘゲモニーと呼んで、権力と区別しました。しかし、私は、権力はそもそも自発的な服従にもとづくものだ、と考えます。また、それを最初に明示したのがホッブズである、と。そして、それは、ホッブズが国家権力の問題を、契約＝交換において見ようとしたからです。

9　交換様式Dの手がかりはエンゲルスにある

以上の例からも明らかなように、『資本論』には、たんに経済的な問題だけでなく、政治的な問題を見る鍵が潜んでいます。そして、その秘密は、「交換」ということにある。ただし、ここには、交換様式Dに関する手がかりがほとんどありません。私がそれを見出したのは、マルクスではなく、エンゲルスにおいてです。マルクスとエンゲルスは、一八

四八年に、『共産党宣言』を出版しました。しかし、その後にヨーロッパに起こった革命の中で、彼らはそれぞれ、それまでの「史的唯物論」では理解できないような出来事に遭遇したのです。

たとえば、フランスではブルジョア革命によって王を倒して生まれた議会から、王、というよりも、皇帝（ナポレオン三世）が出てくるという、奇怪な出来事が起こった。マルクスはそのあと、『ルイ・ボナパルトのブリュメール一八日』を書きました。彼は、この謎、つまり、政治的観念的な上部構造の自律性の謎を、革命後に成立した「代表制議会」に見出したのです。さらに、彼は先に述べたように、資本主義経済を解明する「経済学批判」に向かった。これも、資本制経済の謎を価値形態（交換様式）から解こうとするものです。

それに対して、エンゲルスはどうしたのでしょうか。彼は一八四〇年代初めに、いち早くイギリスのチャーチスト運動に「真の階級闘争」を見いだした。そして、この経験にもとづいて、史的唯物論を唱えたのです。ところが、四八年革命において、イギリスの労働者階級は一定の勝利を得ると同時に、革命性を喪失した。階級意識ないし階級的利害の追求は相変わらず残ったが、階級そのものの揚棄を目指すような「階級闘争」は消滅したのです。

それはつぎのことを示唆します。生産関係にもとづく階級の対立・闘争は常にある。しかし、そのような階級そのものを揚棄しようとする運動は、それとは別の所から来たのです。ゆえに、一八四八年革命の挫折のあと、エンゲルスは「階級闘争」の鍵を、経済的下部構造に求めなかった。彼はそれを、一六世紀ドイツの「農民戦争」、すなわち、トマス・ミュンツァーによって率いられた宗教的運動に求めたのです。むろん、それはミュンツァーが創始したものではありません。それ以前のフス（チェコ）やウィクリフ（イギリス）、さらに、中世以来の千年王国運動に遡りうるものです。

ヴェーバーは『プロテスタンティズムの倫理と資本主義の精神』を書いたとき、宗教改革をルターやカルヴァンに見出したのですが、そのとき、彼は宗教改革の本流のことを忘れていたのです。それは中世以来、千年王国運動としてくりかえし起こってきたものです。そこから見ると、エンゲルスが『ドイツ農民戦争』で書いたのは、「プロテスタンティズムの倫理と社会主義の精神」だといってよいでしょう。彼はつぎのように述べました。

天国はあの世のものではない。それは、この世に求められるべきものだ。使徒の使命は、この天国を、神の国を、この地上でうちたてることだ。あの世の天国がないように、

あの世の地獄もなく、したがって劫罪もない。同じように、人間のあしき快楽と欲のほかに悪魔などというものはない。キリストは、われわれと同じ人間であった。彼は予言者で教師なのだ。そして、キリストの聖餐はパンとブドウ酒をなんらの神秘的な薬味をくわえずに飲み食いする単純な記念の晩餐なのである。

エンゲルスはそれ以後も、千年王国や原始キリスト教の問題を手放すことはなかった。たとえば、一八八二年にブルーノ・バウアーが死去したとき、バウアーが続けてきた原始キリスト教に関する歴史的研究を高く評価しました（「ブルーノ・バウアーと原始キリスト教」）。さらに、自ら『黙示録』（一八八三年、『マルクス・エンゲルス全集』二一巻）や『原始キリスト教史によせて』（一八九四年、全集二二巻）を書いています。

ちなみに、カウツキーはこのようなエンゲルスの意向に沿って、『中世の共産主義』や『キリスト教の起源』のような大部の著作を書いたのです。カウツキーはレーニンによって「背教者」として糾弾されたのですが、彼は少なくともエンゲルスに対する「背教者」ではなかった。私の知る限り、それ以後に、エンゲルスが考えていたことを最大限に追求したマルクス主義者は、『希望の原理』を書いたエルンスト・ブロッホです。

以上からわかるのは、マルクスもエンゲルスも、史的唯物論の「経済的決定論」なるものとはほど遠いことを考えていた人たちだということです。とはいえ、私はあらためて『資本論』に向かえというつもりはありません。私が考えたのは、いわば、『資本論』を「導きの糸」として、史的唯物論を再構築することです。そして、今度気づいたのは、それは「マルクスその可能性の中心」をあらためて追求することにほかならない、ということです。

10　交通＝交換から諸問題を考え直す

最後に付け加えたいことがあります。一般に史的唯物論では、生産あるいは生産力が重視されたが、交換は二次的なものとして扱われる。しかし、『資本論』でマルクスは、人間と人間の交換を重視しただけでなく、人間と自然の交換、すなわち、自然代謝を重視したのです。これは若い頃、青年ヘーゲル派の仲間であった、モーゼス・ヘスが提起した「交通」という概念にもとづいています。

それについては先に述べました（5節）が、ヘスが強調したことで、中でも重要なのは「人間と自然の交通」です。この考えは『資本論』にもあらわれています。たとえば、資

本主義的な農業は、「人間と土地の間の代謝を、すなわち、人間が食料と衣料の形態で消費する土壌成分の土地への復帰を、したがって永続的土地豊度の永久的自然条件を攪乱する」（『資本論』第一巻）。マルクスはその裏づけを、化学肥料型の農業の創始者であると同時にそれを批判し、循環型の農業を最初に提唱したドイツの化学者リービッヒから得たのですが、もともとはヘスから来る考えです。

　マルクスはここで、産業資本が労働者を搾取するだけでなく、いわば自然をexploit（開発＝搾取）すること、それによって、人間と自然の間の「交通」を破壊してしまうことを批判したわけです。これはむろん、農業だけの問題ではありません。彼は、資本主義的工業生産についても、生産に廃棄物が伴うという事実を見逃さなかった。

> 　資本主義的生産様式の発達とともに、生産上および消費上の廃物の利用が拡張される。われわれが生産上の廃物というのは、工場と農業における屑のことであり、消費上の廃物というのは、一部は、人間の自然的新陳代謝から出てくる廃物、一部は、消費対象が消費された後に残っている形態のことである。すなわち、生産上の廃物とは、化学工業にあっては、生産規模が小さいばあいには失われてしまうような副産物である。また、

機械の製造に際して屑として落ち、再び原料として鉄の生産に入る鉄屑等がそれである。消費上の廃物は、人間の自然的排泄物、ぼろの形態における衣類の残片等である。消費上の廃物は、農業にとってもっとも重要である。その使用にかんしては、資本主義経済にあっては、莫大な浪費が行なわれる。たとえば、ロンドンでは四五〇万人の糞尿の処理について、資本主義経済は、巨費をもってこれをテムズ河の汚毒化のために用いる以上の良策を知らないのである。（『資本論』第三巻・向坂逸郎訳、岩波文庫）

彼がここで指摘したような事態はその後に解決されたわけではありません。その逆に、今日では、地球全体の環境の存続が危うくなるまでにいたっています。テムズ河どころか、世界中の海底にプラスチックの山が堆積している。しかし、いかにそのことが明白であっても、真剣に対処されることはないでしょう。このような環境の危機は、第一次産業に依拠する後進資本主義国において深刻に現れるでしょうが、先進国の「資本」の存続にとっては、さしあたり重要でないからです。その意味で、人間と自然との間の「交換」に存する不平等・搾取は、人間と人間との間の「交換」に存する不平等・搾取と、ねじれた形でつながっています。

たとえば、今日人々が好んで論じているのは、ＡＩやその他の科学技術の発展で社会がどう変わるか、というような問題です。それは、「生産力」にもとづいて社会構成体の歴史を見る史的唯物論の考え方を、そうとは知らずに受け継ぐものです。そこには、社会構成体の歴史が人間と人間の「交通」および人間と自然の「交通」にもとづくという認識が欠けている。さらに、交通が生産力だけでなく、観念的な「力」を生みだすという認識が欠けている。したがって、交通＝交換から諸問題を考え直すことが喫緊の問題なのです。

（本稿は２０１９年８月24日にたんぽぽ舎で行われた「長池講義」の講演草稿です）

註

（1）鈴木鴻一郎の『経済学原理論』や岩田弘の『世界資本主義』は、その点を明らかにし、『資本論』を体系的に書き直す仕事であった。

（2）私はマルクスのフェティシズム論に関して、石塚正英の『マルクスの「フェティシズム・ノート」を読む』（社会評論社、二〇一八年）から多くの示唆を受けた。

文学という妖怪

「近代文学」のあった日本と、なかった韓国。
両者の違いは何に起因するのか。
「近代文学」とは交換様式Cの優位によって成立した世界である、
そして文学はDとして回帰する。
文学を「交換様式」で読み解く。

「近代文学の終り」をめぐって

昨日（二〇一九年一一月三〇日）、東大教養学部で私がかつて書いた「近代文学の終り」という論文をめぐる国際会議が開かれました。これは英文学者の田尻芳樹さんが企画したものです。その会議で発表するために韓国から招かれたジョ・ヨンイルさんと、今日この長池講義で対話することになったわけですが、実は、私は自分の書いた論文のことをよく覚えていませんでした。数年前にジョさんの『世界文学の構造』（岩波書店２０１６）を読

んだとき、韓国でその「近代文学の終り」に関して大論争があったことを知ったのですが、さほど気にも留めなかった。ところが、その論文についての会議が開かれることになり、さらにジョさんがその論争の際に書かれた『柄谷行人と韓国文学』の日本語訳が出版されることになった（インスクリプトより）。それで私は、「近代文学の終り」（『近代文学の終り』インスクリプト２００５、『思想的地震』ちくま学芸文庫２０１７）を読み直そうと思ったわけです。

　私が記憶するかぎり、これは、別に近代文学の終りを主張するために書いたものではなかった。これを書いたのは、二〇〇四年頃、「早稲田文学」を編集していた市川真人《まこと》さんに文学に関して寄稿するよう熱心に頼まれたからです。彼は私が近畿大学の大学院で教えた学生で、現在は、母校の早稲田大学で先生をしています。私は彼に、もう文学批評の仕事を全部やめたのだから、これ以上頼まないでくれ、と何度もいったのですが、彼はあきらめなかった。仕方なく、今度こそ終りだというために、文学批評をやめた理由を書いたのが「近代文学の終り」です。別にそれを積極的に主張しようとしたわけではなかった。ところが、市川君は、その論文を読んだ文学者らの異議や批判を集めてきて、反論してはどうか、という。論争するような熱意はないから余計なことをしないでくれ、といって断

ったのです。とにかく日本で、この論考が大して話題にもならなかったのは、一つにはそのためです。

ただ、思いおこすと、この論考は後に、フランス語にも訳された。同じような問題を考えていて「文学の墓」という特集を計画していたエコール・ノルマルの人たちが注目したようです。私がサルトル、ドゥルーズ、デュラスなどのフランス勢に言及したせいもあるでしょうね。それは、たぶん今もウェブに載っているはずです。しかし、「近代文学の終り」という論文を読み直したつい最近まで、そのことも忘れていました。読み返したとき、私は自分の記憶違いを一つ発見しました。そこに出ていた年譜を見ると、私は二〇〇三年一〇月に「近代文学の終り」という講演を大阪市内でおこなったようです。つまり、これは急に書いたものではなく、大分前から考えていたことだったということを意味します。

さらに、読み直してもう一つ気づいたことがあります。ジョ・ヨンイルさんの『柄谷行人と韓国文学』によれば、この論文が韓国語に訳されたとき、大きな論議を招いた、という。そして、近代文学は日本で終ったとしても、韓国ではそうならない、今後も発展するというような議論があった、という。その意味が私にはよくわからなかった。私は「近代文学」を、自慢できるような進んだ望ましい形態とは考えていなかったからです。たとえ

ば、私はそれ以前に『日本近代文学の起源』（講談社１９８０）を書きましたが、これは「近代文学」を称賛する本ではない。その反対です。風景、内面、告白、児童、などといったものは、近代に生まれた倒錯的な制度にすぎない、ということを主張したのですから。「近代文学の終り」という言葉は、「近代文学の起源」という言葉に対応するものです。では、それは何を意味するのか。実際のところ、「近代文学」は終わっているどころではない。その逆です。それが隅々まで浸透した状態になったのです。その意味では、私がそれを「近代文学の終り」というのはおかしい。しかし、近代文学がこれから栄えるというのも、おかしいのです。だから、このような論争は、私が「近代文学」という概念を明確に定義していなかったために生じたのではないか、と思いました。だから、今日は、そのことについて話したい。

「ルネサンス的な文学」とは

先ず、『日本近代文学の起源』で、私は主として明治の近代文学を論じたのですが、そこに、いわゆる近代文学（写実主義、自然主義、ロマン主義、……）と似ていると同時に、それを拒否する何かがあるということを指摘したのです。たとえば、私はそのとき、二葉

亭四迷、漱石、泉鏡花、樋口一葉、森鷗外などを高く評価しています。

のちに、私はそのような文学を、ミハイル・バフチン（1895―1975）に倣って、「ルネサンス的な文学」と呼ぶようになりました。バフチンはそこにある、ポリフォニー（多声性）やカーニバル的世界感覚を指摘しました。この場合、〝ルネサンス〟はいわゆるルネサンス時代に限りません。西洋の文学でも、シェークスピアやセルバンテスは文字通りルネサンス時代の作家ですが、「ルネサンス的な」作家あるいは社会状況は、その後、つまり、一九世紀にも二〇世紀にもありえます。一九世紀では、ロシアのゴーゴリやドストエフスキー、さらに、二〇世紀では、ジョイス、フォークナー、ボルヘスなどが該当します。

共通しているのは、彼らがある意味で後進国的な状況にあり、未開的な要素を多分にもっていることです。たとえば、アメリカでも、南部のフォークナーがそうです。だから、彼の文学は米国でよりもむしろ、南米コロンビアのガルシア・マルケス、インドのラシュディ、そして、日本の中上健次などに継承された、といえます。実は、二〇歳頃の中上にフォークナーを読むように薦めたのは、私です。そのあとしばらく経ってから会うと、彼は「俺は日本のフォークナーになる」と豪語していました。

その意味では、私は文芸批評家になる前から、「ルネサンス的文学」を説いていたといえます。また、『日本近代文学の起源』で述べた論点、たとえば、風景や児童などは、それ以前に「柳田国男試論」（１９７４）を書いていたときに考えた問題です。つまり、風景や児童は昔からあるのではなく、昔からある観念を打ち消し忘却することによって成立したということ、その意味で、近代文学の装置だということです。

現在、私は〝近代と前近代〟というような観点をとりません。それを「交換様式」の観点から見ています。そうすると、写実主義、自然主義、ロマン主義と呼ばれるような「近代文学」とは、交換様式Cの優位によって成立した世界である、ということができる。それに対して、「ルネサンス的文学」はCの優位の下で成立すると同時に、抑圧されたAを回復することによってそれに対抗するものだ、ということができるのです。

明治文学でいえば、二葉亭四迷や夏目漱石がそうです。二葉亭四迷はロシアの小説（ゴーゴリとドストエフスキー）、漱石はイギリスの小説（スウィフトとスターン）を受け継いだ。つまり、彼らはいわばルネサンス的文学に共感したのです。そして、同じようなことを日本の文脈でやろうとした。たとえば、二葉亭四迷は江戸の小説（滑稽本）を受け継ぎ、夏目漱石は俳諧的なものを受け継いだ。俳諧の連歌はカーニバル的なものであり、文字通り

ポリフォニック（多声的）です。俳句は、その最初の句（発句）だけを取り出したものです。たとえば、「古池や蛙飛び込む水の音」という芭蕉の句は有名ですが、実際は、そのあとに、ずっと連歌が続くのです。

そうでない俳句、つまり、漱石の友人子規、というよりその弟子高浜虚子によって確立されたような俳句は「近代文学」だといえます。しかし、漱石は最初の小説『吾輩は猫である』を、俳句仲間の会合で朗読したのです。たぶん、その場は大笑いになったでしょう。それで想い出すのは、カフカが『審判』（１９１５）を最初に発表したとき、それを朗読したこと、そして、聴衆が大笑いしたというようなことです。その意味で、カフカの作品も「ルネサンス的な文学」であったといえます。

しかし、このような文学は、様式Cの拡大、あるいは「近代文学」の拡大の下で、衰退し、見えなくなっていった。たとえば、漱石は大衆的に人気があったものの、文壇ではずっとバカにされていました。私は一九六九年に漱石論を書いて群像新人賞をもらったのですが、その時の選考委員が江藤淳でした。彼も学生時代に漱石論でデビューした人です。しかし、それまでは、漱石をまともに論じる雰囲気がなかったということに留意してください。漱石が偉い作家だということになったのは、この後ですから。

私はその種の漱石研究を好みません。ただ、漱石がこの時期に評価されるようになったことは、それまで「近代文学」に抑圧されて来たもの、つまり、「ルネサンス的な文学」が回帰することの兆しであったからかもしれません。実際、日本では一九七〇年から八〇年代にかけて、「ルネサンス的な文学」が回帰したように見えます。『吉里吉里人』を書いた井上ひさしがその典型ですが、古井由吉、後藤明生、中上健次、津島佑子などにもそのような傾向がうかがわれます。

文芸批評から離れて

しかし、それは長く続かず、九〇年以後に消滅しました。そのことを端的に象徴する出来事が、中上健次の死（1992年）です。その後フランスでは、マルグリット・デュラスが死んだ。そうしたつながりもあって、私は「近代文学の終り」でデュラスに言及したのですが、デュラスは、ベトナム育ちで、フランスの国家試験（バカロレア）をベトナム語で受けた、という経歴をもつ人です。彼女は〝ごろつきたちの親玉〟と呼ばれていたらしい。『ディアローグ　デュラス／ゴダール全対話』（読書人2018）を読むと、その一端がわかります。中上とよく似ている。

中上が死んだとき、私はこれを機に、文学から離れようと思いました。ただ、その前に、長年の友として、彼の弔いをしなければならなかった。全集の編纂、そして、彼が新宮でやっていた「熊野大学」の面倒を見ること、さらに、彼が企画していた「日韓作家会議」に協力することになった。私が韓国の文学者と関係するようになったのも、その結果です。いやいややったのではないが、積極的にそうしたわけでもなかったのです。文学に対する最後のお勤め、という感じでした。

実際のところ、私はずっと前から文学批評への関心を無くしていました。ただ、いろんな義理があって、やっていただけです。中上健次のようにうるさい男がいたし、昔なじみの編集者もうるさかった。だから、八〇年代以後ほとんど文学評論を書かなくなったけれども、新人賞の選考委員などは続けました。私の推薦で何人かの作家が世に出たと思います。多和田葉子、笙野頼子、角田光代、町田康、阿部和重、などですね。しかし、一九九九年を最後に、全部やめることにしました。他にやることがあったからです。最終的には、編集していた雑誌「批評空間」もやめた。私が「近代文学の終り」を書いたのは、そのあとです。

今世紀に入って、私が韓国の文学者と交流しなくなったのは、そもそも日本で文学者と

交流しなくなったからです。確かに何度も韓国に行きましたが、文学にかんして話したことがない。先ほど、ジョさんから、韓国の文壇に四派あり、私がそのすべての派のリーダー格の人たちと親しいということを指摘されました。それを聞いて、私はすこし驚いた。韓国の文壇とつきあった覚えがないからです。たとえば、キム・ウチャン（金禹昌）氏は、八〇年代にアメリカで知り合った人で、その学識と人柄に敬意を抱いてきました。彼は私の『日本近代文学の起源』の韓国語訳出版に尽力してくれたそうですが、文壇的な党派性を超えた人でした。その後も、文学と直接関係のない問題に関して、私を招待してくれました。

また、「緑色評論」という雑誌を出していたキム・ジョンチョル氏は、私が二〇〇〇年に大阪で始めたNAMの運動に関心を抱いて、招待してくれたのです。彼はそれまでやっていた文学批評をやめて、環境問題に取り組みはじめた人です。それ以後に、私を韓国に招いてくれたのは、釜山のインディゴという若い世代の新しいタイプの活動家たちです。というわけで、私は二〇〇〇年以後も、韓国に往き来したけれども、「韓国文学」とは無縁でした。だから、『柄谷行人と韓国文学』を読んだとき、知らないことばかりが書いてあったので驚いたのです。

韓国への関心――ドラマと歴史

　私は今世紀に入って、それまでとは別の形で韓国に関心をもつようになりました。二〇〇四年、『冬のソナタ』の〝ヨン様〟ブームのあとですが、韓国ドラマを熱心に見るようになったのです。しかし、小説は読まなかったし、映画も見なかった。ただ、テレビドラマのＤＶＤだけです。中国や台湾のドラマも見ました。それらを毎晩のように見たのは、韓国や中国について考えるためではありません。もっぱら休むため、何も考えないため、です。とはいえ、それらを見ながら韓国史、中国史をはじめとするいろいろな本を読みました。一〇年ほどそうしているうちに、たんに本を読むだけではわからないようなものを見たような気がします。

　韓国に関しては、特に李朝において、いかに文官の支配が強かったかを感じました。たとえば、宮廷で、王と文官が激しく言い合う。こういう光景は日本では絶対にありえないが、中国の宮廷でもないだろうと思います。高麗王朝（９１８―１３９２）の初期には、武臣政権もあったのですが、武官は文字（漢文）が読めないので、結局、文官に負けてしまう。そういうドラマも見ました。その時期、日本では、武家の平氏が一一六〇年に政権

を握り、源氏が一一八五年に鎌倉幕府を開いた。さらに、一三三六年足利幕府ができた。一方、高麗王朝が倒れたのは、その時期です。つまり、日本ではずっと武家の政権ですが、半島では文官が支配していたわけです。

それは李氏朝鮮でも同じです。たとえば、四代目の世宗大王は、李氏朝鮮の歴代君主中最も優れた君主で、儒教の理想とする王道政治を展開したといわれています。特にハングル（訓民正音）を制定したことで讃えられている。しかし、ドラマを見ると、どうも当時の評価は異っていた。彼は地下室でひそかにハングルを考案した。それは文官による支配をくつがえす闘争でした。実際、彼がハングルを公布したあとも、文官らはそれを一般に普及させることはしなかった。したがって、朝鮮王朝ではハングルは公的に用いられなかったのです。巷間にハングルで書かれた文学があったけれども、数少ないし、それらが重視されるようになったのは、むしろ日本の統治下以後です。

朝鮮王朝の末期には、日本語のように漢字とハングルを併用して新聞を出し普及させようとする動きがありました。開化派として日本に亡命し福沢諭吉の所に出入りしていた金玉均たちによるものです。そして、彼らは日清戦争の時期に暗殺された。福沢諭吉はこのことに憤慨して「脱亜論」を書いたのです。これは新聞に載った短い文章であって、論文

のようなものではありません。

なぜ韓国に近代文学がなかったのか

ジョ・ヨンイルさんは『世界文学の構造』で、こういうことをいっています。韓国では、近代文学は終わっていない、それどころか、そもそも近代文学がなかった、と。そして、それは韓国人が戦争をしなかったからだ、と彼はいうのです。ヨーロッパやロシアの場合、近代文学、というより、近代の国民は、ナポレオンによる征服に抵抗する戦争から生まれた。《近代文学とは本質的に戦後文学である》。これは非常に重要なポイントだと思います。そして、この認識は特に、日本と韓国、そして中国の歴史的差異を見ることから生まれたものだといえます。

実際、日本の近代文学は日清戦争の後に生まれた。たとえば、国木田独歩は、戦争中に従軍記者として一世を風靡した人です。戦後に、彼は目的を喪失した虚無感から、北海道に渡ったのですが、そこで、いわば「風景」を発見した。そのとき、『忘れえぬ人々』という小説が示すように、それまで重要だと見なされた人や風景ではなく、どうでもよいようなものが「忘れえぬ」風景として見出されるという、転倒が起こったのです。その意味

で、戦争が近代文学をもたらした、といえます。

国木田独歩の場合、そのような転倒は戦争に勝った側に起こったのですが、戦争に負けた中国ではどうか。清朝はこの敗戦のあと、大量の留学生を日本に送ったのです。それまでも西洋に留学生を送っていたのですが、日本に送るようにしたのは、この戦争を通して、日本が西洋文明の導入に成功したことを知り、それを学ぶべきだと思ったからでしょう。そして、このときの留学生の中に、魯迅とその弟周作人がいた。魯迅は医学を学びに来たのですが、日本にいるうちに文学をやるようになったのです。むろん、その文学はたんなる「近代文学」ではなかった。たとえば、彼らは日本の近代文学を読むだけでなく、柳田國男に注目しました。周作人はその著作の幾つかを翻訳し、また魯迅も中国にもどったあと、郷里の紹興（会稽）で、その地方の昔話の類を収集して『会稽郡故書雑集』という本を作った。彼の作品が「近代文学」というより「ルネサンス的な文学」として今も際立っているのは、こうしたことがあったからだと思います。その意味で、戦争が魯迅の文学をもたらした、といえます。

しかし、朝鮮王朝の人たちには、そのようなことが起こらなかった。ジョさんがいったように、彼らが「戦わなかった」からです。自分たちが日清戦争の一因となったにもかか

わらず、事実上、この戦争を傍観しただけに終った。つまり、彼らは「戦わなかった」。韓国の近代、あるいは近代文学を考えるとき、それが鍵になります。韓国で近代文学が生じなかったのは、そもそも文学がなかったからではない。その逆に、文学（漢詩文）が支配的であったからです。つまり、文官が支配する体制が続いており、武官は下位に置かれていた。私が『世界文学の構造』を読んで感じたのは、たんにそのような差異だけではありません。このことが、韓国や日本という場所に限定されないような意味をもつということです。

中心／周辺／亜周辺

私はこれを、世界システムにおける、中心、周辺、亜周辺という構造から見る必要があると思いました。これはもともと、ウィットフォーゲルが提起した考えです。彼の考えでは、帝国の周辺は中心の文明を全面的に受け入れる。亜周辺は選択的である。つまり、自分に合うものだけを受け入れる。ウィットフォーゲルは、亜周辺の例として、ギリシア、ロシア、日本をあげています。先ず、帝国の中心では、いわゆる「アジア的専制国家」、つまり、官僚による支配体制ができます。周辺はそれを忠実に見習う。東アジアでいえば、

朝鮮とベトナム（越南）がそうです。ところが、亜周辺では、中心から文明を取りいれるが、選択的にそうするだけです。

なぜそうなるのか。交換様式の観点から見ると、それが明らかになります。アジア的な専制国家では、交換様式Ｂの要素が強くなり、その下で、共同体はもともとあったＡ的な独立性・遊動性を失ってしまう。次に、周辺部では中心の「文明」を積極的に取りいれる。中心に近いので、従うほかないからだといえますが、それによって、未開的な独立性・遊動性、すなわち交換様式Ａが消されてしまう。ところが、中心から遠い亜周辺では、Ａが残ります。つまり、彼らは「文明」、すなわちＢ的なシステムを一応取りいれるけれども、選択的にそうするだけで、事実上、もとのものを保持している。

たとえば、奈良・平安時代の日本では、中国から律令制が取りいれられたことになっていますが、たんに表面的で、ろくに実行していない。婚姻はほとんど近親婚であり、さらに母系的だから、中国的な規範からみれば、非道徳の極みです。官僚は漢詩文を学んでも、それをまともに使えない。事実上、万葉仮名や平仮名でやっていた。しかるに、朝鮮の文官は漢詩文を習得した。さもないと「科挙」に通らないからです。日本の場合、奈良・平安時代では見かけの上では文官が上位に立ったように見えますが、鎌倉時代以後にはそん

な外見も消えてしまった。徳川時代には朱子学などの漢学が重視されたようにみえますが、これも見かけだけです。徳川時代に将軍の代がかわるたびに、朝鮮通信使が来て全国を回ったのですが、その記録を見ると、日本にはまともに漢詩文を書ける人がほとんどいなかったことがわかります。

つぎに、帝国の中心部は周辺部とどう異なるか。中心部に官僚制があることは確かですが、それ以前に、武力にもとづいた権力がある。中国の王朝史において、秦以来、帝国を築いたのは、文明の圏外から来た遊牧民です。唐、元、清がそうです。このような帝国では、官僚制が活用されるけれども、文官が皇帝を抑えることはありえない。たとえそうしえたとしても、外から侵入してくる力に勝てなかったら終りです。

帝国の中心は、外部に対して敏感です。武力だけでは帝国を維持できない。そこで作られたのが「冊封」体制です。皇帝は周辺諸国に朝貢させるが、帰りに何倍もお土産をお返しする。琉球なども、そういう朝貢国でした。その場合、周辺国は支配されているにもかかわらず、あまりそういう気がしない。朝鮮の王朝も清朝に朝貢していましたが、さほど支配されていると感じていなかった。また、清朝が朝貢国である朝鮮を日本から当然護ってくれるだろうと思っていたので、清朝が負けても日本と「戦う」というようなことは考

えなかった。

　さらに、清朝と朝鮮王朝の関係には、複雑な事情が伴います。朝鮮王朝はもともと明に朝貢していました。その時点で、宋や明といった「漢民族」的な文化を忠実に取りいれた。朱子学はその一つです。ところが、朝鮮より辺境にあった満州人（女真）が、明を倒して新帝国を築いた。周辺の朝鮮王朝は、満州人が作った清朝を最初軽視していました。すぐに清朝に手厳しくやっつけられたので、以後は服従しましたが、ただ、自分らこそ明の真の後継者であるという自負を抱いていたようです。たとえば、明朝で尊ばれた朱子学は、清朝ではさほど重視されなかった。それが発展したのは李朝においてです。徳川時代に日本に導入されたのは、そのような朝鮮朱子学です。本居宣長が批判した朱子学あるいは「漢意《からごころ》」なるものは、中国ではなく、朝鮮のものです。だから、それはむしろ「韓意」と書くべきでしょう。

　文官は戦争を嫌う。戦争などは、武官、あるいは女真のような野蛮人に任せておけ、と考える。ゆえに、日清戦争も朝鮮が一因として生じたにもかかわらず、彼らはそれを傍観しました。つまり、戦わなかった。清が負けても、反省することはなかった。たとえば、清朝のように敗戦後に留学生を送って、日本から積極的に学ぼうとするようなことはしな

かった。したがって、ジョさんが指摘したことは、以上の点から説明できると思います。

文学はDとして回帰する

ついでにいうと、今述べたことが「周辺」の特徴だとすると、朝鮮とベトナムに類似性があることは明らかです。たとえば、どちらでも科挙制度が本格的に実行された。私はベトナムに行ったとき、ハノイで、科挙に合格した人の名を刻んだ石碑が何百とならんだ光景を見たことがあります。ただし、朝鮮とベトナムには違いがある。それはベトナムには、山地民の伝統が強く残ったということです。ベトナムは、山岳部に行くと、ゾミアと呼ばれる国境をまたいで広がる山地民世界とつながっています。

たとえば、日本は、高麗の兵士を使ったモンゴルの侵攻（元寇）を二度斥けたが、それは神風（台風）のおかげだった。また、この戦争は、遊牧民のモンゴルが苦手とする海戦が主であった。ところが、ベトナムは元寇を、三度、陸上の戦争で斥けたのです。ただ、その戦争の仕方は山地民固有のものです。中国の『三国志演義』では、最後の方に、軍師孔明が越南に行って悪戦苦闘する場面がありますが、モンゴル軍もそれと同様に越南で苦戦し、敗退したわけです。さらにいえば、のちに米軍もベトナム戦争で同じ目にあったの

です。何しろ、兵士が突然樹上から、あるいは、地底から出てくるのだから。恐れをなした米軍はむやみやたらにナパーム弾で森を焼き、さらに枯葉剤をまき散らして、ひどい後遺症を与えた。しかし、何より見落としてはならないのは、この戦争で米軍が敗北した、という事実です。

もう一つ、朝鮮とベトナムの違いがあります。それは、朝鮮には隣に日本が存在したことです。ベトナムにはそのようなものがなかった。つぎに、朝鮮が日本の植民地になったように、ベトナムもフランスの植民地になったのですが、日本とフランスは違っていた。その違いが、現在の韓国とベトナムの違いとなっているともいえます。先ほどデュラスについていいましたが、私が彼女に関心をもった理由の一つは、ベトナムとのつながりにあります。

今世紀に入って、韓国社会は全面的に資本主義経済に浸透されたように見えます。しかし、それと同時に、全面的に文官支配の社会になったように見えるのです。いわば誰もが科挙を目指すような社会に。つまり、交換様式でいえば、CとBの下で、Aが逼塞《ひっそく》してしまったように見えます。その意味で、文学が終った、という感じがする。もちろん、程度の差はあっても、日本においても基本的に同じです。たぶん、世界的にどこでも同じ状態

になりつつある。
しかし、それによって文学は消滅する、と私は思いません。Aは別の形で強迫的に回帰してくる、すなわち、Dとして。昨日の「近代文学の終り」をめぐる会議で、イギリスの批評家、アンドリュー・ギブソン教授はこういいました。文学は死んでも、終わらない、それは妖怪のように付きまとう（haunt）、と。私も、文学は必ず何らかのかたちで回帰してくる、と思います。「全世界に妖怪が徘徊している、文学という妖怪が」というべき事態が来る、と。

（本稿は２０１９年12月１日にたんぽぽ舎で行われた「長池講義」の講演草稿です）

III

『力と交換様式』を読む

四つの交換様式においてはたらく霊的な「力」を探究した『力と交換様式』を、大澤真幸、東畑開人、渡邊英理、佐藤優、鹿島茂の各氏が読み解く。

柄谷行人はすべてを語った

大澤真幸

一　語り得なかった「それ」としての「力」

1　すべてを語った

柄谷行人は本書『力と交換様式』を通じて、ついにすべてを語った。読後の私の印象は、これであった。

もともと柄谷行人の書いたものの魅力は、読者に、「これがすべてではない」という余剰を感じさせるところにあった。ここにすべては語られていない、すべてが語り得てはいない、まだ語られていない何かがある。語ることができないこと、語ることの限界を越える何かがあるのだ。柄谷行人の初期の文章に、読者はこのようなものを感じてきた。思考力の弱さや文章力の欠如が原因ではなく、このような余剰を感じさせる文章を書ける人はほとんどいない。柄谷は、そのような稀な書き手の一人であった。そこには、他の誰も到達できなかった洞察がすでに明示されている。にもかかわらず、なお「すべてではない」と感じさせるものがある。というより、その不在の余剰へと向けて越境しようとする勢い

が、深い洞察を可能なものにしていたのであろう。

ある時期から——交換様式論の着想を得た世紀の転換点あたりから——、柄谷行人は書く態度を変更した。意識的なものなのか、それとも無意識のうちに自然とそうなったのか、私にはわからない。とにかく、読む者（私）としては、そのような態度の変更を感じた。「すべてではない」と感じさせる余剰への志向をあえて断念し、まずは積極的《ポジティヴ》に語りうることを語ること。すでに初期の仕事を通じて誰も到達していないところまでの洞察を得ているので、書く態度のこのような変更は、それはそれでまた、柄谷の著作に、これまでになかった美点や魅力を与えることになった。議論に、全体性と明晰な体系性が与えられたのだ。態度の変更の成果こそが、次の四つの交換様式によって世界史の構造を説明する理論であった。

A　互酬（贈与と返礼）
B　服従と保護（略取と再分配）
C　商品交換（貨幣と商品）
D　Aの高次元での回復

そして、このたびの『力と交換様式』。柄谷行人は、「すべてではない」と感じさせたその余剰に再び向かった。しかも、今度は、消極的・否定的に「すべてではない」を示唆しているだけではない。「それ」について、ついに積極的に書いたのだ。だから柄谷は今や、余すことなくすべてを語ったことになる。そのように私には読める。この本は、語り得ないこと、本来は語ることが不可能なことが書かれているという不穏な魅力を発している。「すべてではない」を感じさせていた「それ」、ほんとうは見てはならない「それ」、語ることが不可能であるはずの「それ」とは何か。それこそが、本書で言うところの「力」、観念的・霊的な「力」である。

2　史的唯物論との対比で

マルクス主義の標準的な理論では、社会構成体（社会システム）の歴史は、建築のメタファーによって考えられてきた。土台が経済的なもので、それは生産様式である。上部構造は政治的・観念的なものである。この理論によれば、歴史の決定要因は、もちろん土台の経済的なもの（生産様式）だということになる。しかし、これに対しては、昔から異論

が出されてきた。人間の行動は経済的なベースによって受動的に規定されているだけではない、逆に宗教のような観念的上部構造が経済的ベースに対して能動的な「力」を発揮することもある、と。マックス・ヴェーバーも、エミール・デュルケームも、そしてフロイトも、マルクス主義の理論へのこうした反論として読むことができる。

だが、観念的上部構造が、経済的ベースからまったく自由に能動性を発揮し、経済的ベースを規定しているとする見方も説得力がない。そのため、観念的上部構造は、経済的ベースから相対的に自律している、などという曖昧な主張がなされてきた。要するに、どっちもどっち、というような論争状況になっていたのだ。

それに対して、柄谷は、社会構成体の歴史が経済的ベースによって決定されるという基本の構図を退けることなく、ここに根本的な変更を加える。経済的ベースは、生産様式ではなく交換様式である、と。先ほど述べたように、交換様式には四つのタイプがある。ここまでは、『世界史の構造』を代表とする以前の著書の中で、柄谷が確保してきた論点である。その上で、本書『力と交換様式』において付け加えられたのは、上部構造にあると論者たちが見なした観念的な「力」は、実は経済的下部構造、つまり交換様式から来る、とする論点である。交換様式が四つあるので、「力」もまた四種類になる。観念的な「力」

が、経済的下部構造＝交換様式に直接由来するのであれば、観念的上部構造が究極の規定要因なのか、経済的ベースが究極の規定要因なのか、という不毛な論争は、疑似問題として退けることができる。だが、「力」とは何か。

二　力と交換様式

1　Aと力

本書『力と交換様式』は、序論を別にすると、四部で構成されている。第三部までは、史的唯物論の「生産様式の段階」にそって展開されている。[1] すなわち、第一部（「交換から来る『力』」）で、「アジア的」段階が、第二部（「世界史の構造と『力』」）で、古典古代社会と封建的社会が、そして第三部（「資本主義の科学」）では、近代ブルジョワ社会が論じられる。第二部と第三部は、ヨーロッパの歴史が中心的な話題となる。四つの「力」が基本的に何であるかは、最も長い第一部の中で示されている。第一部の叙述を少しだけ編集しながら、まずは「力」の概要を示しておこう。

「力」の原型と見なしうるのは、交換様式Aに由来する力である。この「力」が何であるかを把握することができれば、他のタイプの「力」の理解は容易になる。

マルセル・モースは、さまざまな社会の互酬交換を検討し、贈り物に関して、それを与え、また受け取る義務があることに気づいた。何かが贈与交換を強いているのだ。その何かは物に付着した霊である、とモースは考えた。ニュージーランドの原住民、マオリ族は、この霊をハウと呼ぶ。モースのこの考えは、レヴィ＝ストロースをはじめとする後続の論者たちに、嘲笑的に批判されてきた。それは原住民の迷信を追認しているだけで、科学的説明にはなっていない、というわけだ。だが、「霊」を斥けた「いかにも科学的」と見える説明では、贈与交換において人間の欲望や意志に反して働いている「力」を見ないことになる。

交換様式Aにともなう「力」は、モースが見出した霊的な力を肯定的に引き継いだものである。だが、こういう概念を認めることは非科学的ではないか。そんなことはない。柄谷は実に巧みな類比によって、この点を納得させてくれる。一七世紀に、ニュートンは「万有引力」の概念を導入した。遠隔的な作用である引力はしかし、オカルト的なものであるとして、ライプニッツ等に激しく批判された。だが、いかに謎めいており、説明不能だとしても、実際に「引力」が働くことを認める者たちが結局、近代科学をもたらしたことを、今日のわれわれは知っている。同じことは、贈与を強いる霊的な「力」についても言える。まずはそれがあることを認めることから始めないとならない。

交換様式A（贈与交換）は、人類の定住化とともに始まった。どうして定住がAを強いることになるのか。この問いに柄谷が与えた論理はきわめて独創的かつ重要なので、後で解説する（本節4）。ともかくここで、交換は、各人の意志を越えた「霊」の力によって成り立つ。交換様式Aが支配的な社会の典型は、氏族社会やその拡大としての首長制社会である。

2　Bと力

交換様式Bにおける「力」とは、もちろん、主権者や支配者が臣民に対して行使する「力」のことを指しているのだが、重要なことは、この「力」が交換によってもたらされているということを見極めることである。臣民は、主権者に隷従する。その隷従はしかも、自発的なものである。臣民が主権者に、（臣民に）命令する権利を与えているのだ。その代わり主権者は、臣民の要求に応じる義務を課される。要するに、服従と保護とが交換されているのである。Bと「力」の間のこのような関係を最初に理論化したのは――本書の中で繰り返し強調されているが――、ホッブズである。ホッブズの言う「契約」とは、人々が自分たちの自然権を一人の人物に譲渡し、「リヴァイアサン」（海獣）に喩えられたその一人の人物は、人々を保護する義務を負うことだ。

Ａと「力」の関係を納得していれば、Ｂの「力」についてのこうした説明を受け入れるのはそれほど困難ではない。ＢはＡと基本的な点で類似しているからだ。Ａの互酬性が、垂直化すればＢになる。Ａの場合も「力」が発生しているのだから、その度にミクロには非対称性（垂直性）が生じているのだが、その非対称性は相互的なものなので、関係は全体としては水平的である。それに対して、特定の一点が特権的な中心となり、非対称性が固定されれば、垂直的な交換としてのＢとなる。

だが、Ａが支配的な社会からＢが支配的な社会へのスムーズな移行が生ずるわけではない。国家はＢに基づいている。しかし氏族社会のような状態から国家がすぐに出現したわけではない。Ａが、Ｂが支配的になることに抵抗するからである。互酬的な贈与を強いる「力」が相互的に働くと、[2] 特権的な固定的中心が生まれないのだ。氏族社会、部族社会は、もちろん国家以前の社会だ。再分配を仕切り、調整する首長が出現したとき、ここに国家の萌芽を認めることができるが、まだ交換様式Ｂが支配的になったとはいえない。首長が王になったときはじめて、Ａとは明確に異なった交換様式Ｂが確立したと見なしうる。

Ｂが確立されるためには、Ａが抑圧されなくてはならない。その抑圧をもたらすのは、人々の自発的な隷従化である。国家の成立にとって必要なのは、ただの奴隷ではなく、

「自発的に服従する奴隷」だが、それこそが臣民 subject である。彼らが積極的に服従するのは、その方が彼らにとっても得だから（保護してもらえるから）である。国家において、王の支配を補助するスタッフも、「自発的に服従する奴隷」である。それが官僚だ。軍人もまた、自発的に服従している（武官）。

3　Cと力

交換様式Cは、実は、「アジア的」段階では、真に自律的なものとしては確立しない。BとともにC（商品交換）は共同体と共同体の間の交換として始まるのだが、しかし、「アジア的」な段階においては、Cは、基本的にBに寄生している状況を脱することはない。Cが支配的になるのは、近代資本主義（産業資本主義）の段階だ。ゆえに、Cに対応する「力」については次節で説明した方がよいのだが、分かりやすさを優先して、ここでまずは概要を述べておく。

基本的なことを言えば、Cに由来する観念的・霊的な「力」は、マルクスが『資本論』で、商品物神・貨幣物神等と呼んでいる「物神《フエティシュ》」がもつ力と同じものである。ただし、「物神」を「冗談」（比喩）としてではなく、文字通りのこととして受け取らなくてはなら

ない。普通は、商品物神等は「物象化」の一種として解釈されてきた。物象化とは、人間と人間の関係が物と物との関係に疎外されて現れている、ということだが、柄谷によれば、マルクスの「物神」はこれとはまったく逆の事態であり、「物象化」の現象として捉えてしまうと、ポイントを完全に逃すことになる。

「商品物神」という語で意味されていることがらは、さまざまな物が商品として、一般的価値——貨幣によって測られる価値——をもっていることそのものなのだが、これだけだと、なぜこれが「力」に関わっているのか理解しにくいかもしれない。柄谷が述べていることをもとに——ただしそれを単純化して——解説しよう。マルクスは『資本論』で、商品の集合から貨幣が成立する仕組みを、ホッブズの社会契約の論理と同じように説明している。貨幣（リヴァイアサン）は商品たちの社会契約の産物だ。ということは、物同士の関係、貨幣と商品たちの関係だけみると、交換様式Bと同じことが起きている、ということになる。商品たちは貨幣に自発的に隷属し、その代わり、貨幣の保護を受ける（交換可能な価値を与えられる）のだ。

ならば、交換様式Cとその「力」はBの一種かと言ったらそうではない。Bの形式をとっているのはあくまで物同士の関係である。人間の方はむしろ、Bの「支配／服従」の関

係から自由だと思っている（たとえば王のカリスマ性など、もうまったく信じていない）。にもかかわらず、貨幣や商品の所有者として市場に参入し、そこで交換している限り、意識に反して、その人の行動は、B的な支配／服従の関係の中にいるのと同じことになる。これが交換様式Cに対応する「力」の概要だ。商品物神・貨幣物神は、さらに資本物神へと発展する等、CにはBと対応づけられない展開があるのだが、それについては後述する。

歴史に即して、Cの展開を見ておく。先ほど述べたように、CはBと同時に始まる。どんな交換も信用なくしてありえず、信用を形成するのは贈与である。その意味で、Cの根底にはAがある。貨幣には諸物と交換しうる「力」がある。その「力」を付与するのは国家である……と言いたくなるがそうではない。貨幣物神だ。とはいえ、国家の保証がなくては、貨幣は貨幣として機能しない。その意味では、貨幣経済は国家の下にある。

古代国家にとって重要なのは、国家によって主導された遠隔地との間の交易である。しかし、この交易の拡大を、単純にCの拡大と見なすことはできない。遠隔地交易の目的は、「王の威信」の拡大にあり、交易に従事した国家官僚（商人ではないことに注意）を突き動かしたのは、利潤動機ではなく身分動機だった。要するに、古代世界での交易の拡大は、Cの発展よりむしろ、Bの発展に貢献した。こうして都市国家[3]を超えた領域国家が、さら

にそれをも超えた帝国が出現した。帝国は、諸民族の自発的な服従によって成り立ち（つまりＢ）、世界交易（Ｃ）をも実現したが、モンゴル帝国のような巨大な帝国でも、資本主義経済に向かわなかったのは、世界帝国（Ｂ）が、Ｃの発展を抑えたからである。

帝国には、神格化された王、つまり皇帝が君臨する。皇帝は、王たちを臣下として従えるのだから、王とは同格ではありえない。ということは、皇帝の背後にいる神もまた、それまでの神々を超越する神になっているということでもある。世界帝国に対応する神は世界神であり、その宗教は世界宗教である。世界宗教は、この後で説明する普遍宗教とは異なっている。

４　Ａの高次元での回帰としてのＤ

柄谷が最も重要視している交換様式はＤである。だがＤは、他の三つから独立した独自の交換様式ではない。Ｄは、交換様式Ａの回帰、しかもそれが「高次元」で回帰したものだ。「高次元」での回帰とはどういうことなのか。人類が定住して以降、Ａはずっと存在している。しかし、ＢやＣを補完したり、支えたりする要素として存在しているときには、Ａは、高次元で回帰したとは言えない。「高次元」で回帰するとは、ＢやＣが発展した後、

BやCに対抗する要素としてAが立ち帰ってくることである。なぜ、Aは回帰してくるのか。

　この問いに答えるためには、どうしても、交換様式Aとセットになっているあの霊的な「力」がどうして生ずるのか、人に贈与を強いる「力」は何に由来するのかを問わざるをえない。この点に本書が与えている説明を、そのまま紹介しよう。

　定住とともに贈与交換（A）が始まる、と述べた。どうしてなのか。定住以前の初期の人類社会は、少人数（五〇人程度）によって構成された遊動民の社会である。こういう社会には、贈与など必要ない。なぜなら、物は——たとえば狩猟の獲物は——、直接に共同寄託《プーリング》され、分有されるからである。これは、贈与があまりに純粋すぎて、贈与として成り立たない状態（初めから皆のものとして与えられているので、誰から誰へと贈るということが意味をなさない状態）だと言うこともできるだろう。

　柄谷は、原初的な遊動民は、「無機質」の状態にある、と言う。「無機質」の状態とは、要するに、シンプルな状態ということだが、肝心なことは、そこには、最も原初的な意味での平等と自由があるということだ。平等というのは、今述べたように、物がすべて直接共同寄託されているからだ。また自由であるというのは、たとえば人間関係のトラブルなど嫌なことがあれば、いくらでも移動することが（つまり外に出ていくことが）できるから

である。この「無機質」の状態は、原遊動性（Ｕ）と呼ばれる。

だが、定住は、社会に「有機的」な状態をもたらす。つまり社会を複雑化する。原遊動性にはあった原初的な自由＝平等が失われる危険に見舞われる。ここで柄谷は、人間には、「無機質に戻ろうとする」本源的な欲動がある、と仮定する。この欲動こそ、フロイトが「死の欲動」と呼んだものである、と。このような欲動があるとして、社会が「有機的」な状態へと向かうとしたら、何が起きるか。まずは、他者に向けられた攻撃欲動が奔出するだろうが、それをさらに抑えようとすれば、他者への譲渡＝贈与を迫る「反復強迫」が現れるのではないか。社会に孕まれた複雑性（たとえば格差）を解消しようと、人々は譲渡＝贈与へと反復的に駆り立てられるのだ。この反復強迫が「霊」の命令というかたちで出現する。

このように、柄谷によれば、もともと交換様式Ａは、原遊動性へと回帰しようとする欲動の結果として生まれた。だがＡから、ＢやＣへと発展すると、そこに出現する社会の状態は、原遊動性とはほど遠いものになる。それゆえ、原遊動性への回帰は、ＢやＣが発達した後には、直接のＡとは異なったかたちで現れる。それが交換様式Ｄである。普遍宗教は――「帝国を支える一神教」である世界宗教とは異なる普遍宗教は――、まさにそのような意味でのＤ（高次元で回帰したＡ）の出現である。

実際、このように解釈することができるということを、柄谷は、ゾロアスター、モーセ、イスラエルの預言者、イエス、ソクラテス、墨子、ブッダを実例にして証明してみせる。たとえば、イエスは、国家（B）を斥け、C（貨幣の権威）を斥け、特定のタイプのA（家族・共同体）を斥けた。隣人愛とは、交換様式A・B・Cを越えて人と交わることだ。それこそが、「神の国」と名付けられたDの到来である。

三　古典古代から封建制を経て資本主義へ

1　亜周辺としての古典古代

史的唯物論の生産様式の順序で言えば、アジア的段階を扱ったことになっている第一部は、見てきたように、非常に体系的かつ論理的に、交換様式と「力」の関係を整理してみせる。第二部と第三部では、古典古代的段階、封建的段階、近代ブルジョワ的段階を扱う。つまり現代資本主義までの、主として西洋の歴史が、交換様式論の観点から論じられる。第一部が「論理」に重点を置いていたのに対して、第二部・第三部は、歴史解釈を主としている。興味深い洞察は山ほどあるので、ここですべてを紹介することはできない。ポイントを絞って見ておくことにしよう。

特に興味深いのは、次の問いにはっきりとした回答が与えられていることだ。交換様式CのBに対する優越は、いかにして実現されたのか。CはBとは独立の交換様式だが、二で見たように、普通は、Bの優越の下に置かれる。ところが、ヨーロッパでは関係が逆転し、Cが優位で、BがむしろCに貢献した。ヨーロッパで資本主義が発達したのはそのためである。どうして、ヨーロッパでは、CがBに対して優越したのか。

さて、古典古代的社会（ギリシア・ローマ）から封建制（ゲルマン）への歴史を論ずる中で、ひとつのことが繰り返し強調されている。「未開性」である。普通、「アジア的↓古典古代↓封建制↓近代ブルジョワ社会」という生産様式の発展段階があり、古典古代や封建制は、アジア的社会よりも文明的・進歩的だったために近代を生み出す温床となりえた、と考える。しかし、柄谷によれば、まったく逆である。ヨーロッパは未開だったのだ。

たとえばギリシアの「民主主義」。これは今日でも手本となる進歩的な政治制度のように言われることがある。しかしギリシアに民主主義が成立したのは、進んだ文明段階にあったからではなく、氏族社会が濃厚に残っていたからである。氏族社会——つまりAが、である。

どうして、ギリシア・ローマの文明は遅れていたのか。それを、柄谷は、カール・ウィットフォーゲルの「中心／周辺／亜周辺」の図式を使って説明する。「中心」には、アジ

ア的専制国家（帝国）があり、それに隣接した「周辺」には、中心の文明を受け入れ官僚制国家が生まれる。「亜周辺」とは、周辺と違って中心と隣接してはいないが、中心から無縁になるほどには離れていない空間である。亜周辺も中心からの影響を受けるが、それは選択的（部分的）なものになる。文明的な中心の特定の要素だけを選択的に受け入れたのだ。ギリシア・ローマも亜周辺だった。

2 封建制の未開性

未開性とは、交換様式Aに連なる要素ということである。AがBに抑圧されることなく、そのまま残っている状態を指している。未開性という点では、封建制は、古典古代よりもいっそう顕著だった（文明の中心から見て、亜周辺にすらなっていない辺境だった）。ゲルマン人が侵入した西ヨーロッパでは、西ローマ帝国が崩壊した後、「帝国」は復活しなかった。諸部族が統合されないという「未開性」が、帝国の発生を阻んだのだ。諸部族をつなぐ機能を果たしたのはローマ教会だが、その権威に基づく神聖ローマ帝国は、本来の世界帝国とは異なる貧弱なものである。封建領主に混じって王が存在し、封建領主よりは格上だということにはなっていたが、同輩の中の第一人者というレベルを越えなかった。同じ

ことは、領主と農奴の関係にさえ言える。農奴制は、領主と農奴の間の互酬的関係にもとづいていて、領主は、Ｂに典型的な主人ではなかった。

ゲルマン社会の未開性の最も重要な帰結は、独特の都市の出現である。これまでの都市は、それ自体が国家であるか（都市国家）、あるいは国家の中の都市であった。中世ヨーロッパの都市はそのどちらでもない。国家から独立した、ひとつの「アソシエーション（連合体）」だった。

それまでは、貨幣経済・商業（C）は、国家（B）の下で発達し、国家の力を超えられなかった。しかし、ゲルマン社会では、Aが強力でBが弱かったために、Bに従属することなくCの拡大が可能だったのだ。もともとヨーロッパでは、国家間の交易がなかったため、商業は未熟だった。しかし七度の十字軍が大きなきっかけとなって、遠隔地との交易路が開かれた。交易の拠点としての都市は、国家（B）に従属することなく、商工業に従事する市民全員が参加する「誓約共同体」となった。封建領主の下にいた農奴も、都市に移り住めば自由民となる。

ゲルマン社会に関しては、さらに、キリスト教の意義についての興味深い考察がある。ローマ帝国の「世界宗教」となったキリスト教は、一旦弱体化するが、再生して、中世で

大きな役割を担ったのだ。ここで、「修道院」の機能が特に注目すべきものとなる。これらの論点についてはしかし、ここでは解説を断念し、先に進もう。

3　Cに貢献する国家

ゲルマン社会では未開性が濃厚だったが、やがて、他の先行文明と類似の発展を遂げるようになる。が、未開性が強くかつ長く残存したことが、その発展を独自なものとした。通常は、Aが支配的な社会から、やがて国家が発生する。亜周辺であったギリシア・ローマでも、独自の国家形態（都市国家）が出現した。しかし、ゲルマン社会では、長い間、国家の名に値するものは成立しなかった。ゲルマン社会で国家が、つまりBが確立したのは、絶対王政が出現したときである。だが、どうやって、きわめて強く、容易にBの優位を許さなかったA（封建領主たち）が抑えられたのか。王が、都市ブルジョワと結託して、封建領主たちを抑え込んだのだ。つまり、Cが拡大していたことが、Bの優位を可能にしたのである。これは、まことに逆説的な結果である。Cが拡大していたのは、もともとBが弱くAが強かったからなのだが、まさにそのことが原因となって、BのAに対する「勝利」がもたらされたことになるからだ。

こうして、「法」による国家の支配としての絶対王政が確立する。絶対王政は、それまでの王国や帝国とは——たとえばアジア的専制君主とは——非常に異なった性格をもっていた。王が、その名に反して絶対的ではないのだ。これまでの国家（アジア的専制国家）では、常に、ＣはＢの支配下にあり、いわばＢに奉仕していた。しかし、Ｂの優位がＣの力に基づいてもたらされた絶対王政においては、立場が逆転し、ＢはむしろＣの必要に貢献するものとなった。ここから、ブルジョワ経済（資本主義）が発達する。

柄谷によれば、絶対王政を通して形成された臣下としての共同性は、王政が打倒された後も残り、それがネーション（国民）となる。つまり、絶対王政を克服する革命の主体 subject となった市民は、中世都市の市民ではなく、それ自体、王の臣下 subject として養成されたのだ。この主体＝臣下たちの友愛の共同体としてのネーションは、交換様式Ａの互助的な関係性を想像的に回復するものだと見なすことができる。したがってここに、資本Ｃ＝ネーションＡ＝国家Ｂという結合が出現した。ここで交換様式Ａが、低次元で回復されている。つまり、Ａが、Ｂ・Ｃを克服する契機としてではなく、Ｂ・Ｃの働きを補強する要素として回復されている。

絶対王政は、同時期の宗教改革と結合して、意図せざるかたちで、近代資本主義（産業

資本主義）を準備した。たとえば、共通の文字言語でコミュニケーションができ、規律をもって集団的に労働できる「労働力商品」を作り出した。宗教改革は、聖書の俗語訳を通じてナショナルな言語を生み出すことで、あるいはまた予定説をともなう禁欲・勤勉のエートスを人々に与えることで、労働力商品の形成に貢献した。

　特に、フーコーが注目した「監視社会」や規律化された従順な身体を形成する「生権力」に関して、柄谷が付加した論点が興味深い。フーコーによれば、かつての国家権力はただ「否」を宣告する力として威力をふるっただけだが、この時期の国家権力は身体に、積極的に規律をもたらした。どうしてなのか。それは、国家（B）が交換様式Cの優越化を通じて変容したからである。国家は、産業資本の要請に応じて、労働力商品を生み出さなくてはならなかったのだ。ヴェーバーは、禁欲的な労働者の出現を「神の監視」で説明し、フーコーは同じことを「国家の監視」から説明した。この時期、神の監視と国家の監視には、根本的な類似性があった。

　近代的資本は産業資本である。商人資本から産業資本への「転化」は、どこで、いかにして起こったのか。この問いは、共同体にいた農民が、どこでいかにして賃労働者に転化したのか、という問いと同じである。なぜか。個別の資本ではなく「総資本」の観点から

考えるとわかる。個々の資本は労働者をできるだけ搾取しようとするが、「総資本」としての産業資本が持続的に拡大するためには、賃労働者に労働させるだけでは不十分で、彼らに自らの労働の帰結である生産物を買うようにさせる必要があった。消費者でもあるような労働者はどこで登場したのか。それは、イギリスで逸早《いちはや》く発展した「新都市」で出現した。新都市とは、中世の盟約共同体としての都市ではなく、農村共同体と連続的につながっている市場都市のことである（マンチェスターやリヴァプール）。新都市で、商人資本から産業資本への転化が実現した。

4　資本物神

「経済学批判」としての『資本論』は、商品の価値を、「商品の内在的精霊」つまり「物神」として、言い換えれば交換様式Cにおいて生じている観念的な「力」として見出すものである。まず、商品物神は、共同体と共同体の間で物品の交換がなされるようになると出現する。そこに貨幣物神が生まれる。すると、貨幣を増やし、蓄えたいという欲動が発生するようになる。それがさらに資本物神へと転化する。資本物神は、人を駆り立てる「力」として働き、無限の自己増殖を果たす。『資本論』の最後に株式資本が登場する。つま

り『資本論』は、商品物神が資本物神へと転化したあと、資本そのものが商品に転化するに至る過程を論じていることになる。この円環の構造から、柄谷は、『資本論』が、ヘーゲルの『論理学』にもとづいている、と読む。『資本論』は、「物神＝精神の現象学」である、と。「物神」こそ、交換において生ずる霊的な「力」なのだが、マルクスは、『資本論』でこの語を多用しているわけではない。第一巻で登場するだけだ。しかし――柄谷の解釈では――、事実上、さまざまなかたちの霊的な「力」について、マルクスは論じている。たとえば、特に重要なのは「信用」である。信用は、取引と決済の間に時間的乖離があるときに必要となる信頼だが、その信頼には、人を拘束する観念的な力が宿っている。信用主義以前の重金主義の方が、金という金属に執着する点で、物神崇拝が顕著なように見えるが、実際には、金という現物から解放された信用主義の下で、物神崇拝はより強化され、一般化する。

　マルクスは、重金主義はカトリック的で、信用主義はプロテスタント的だと述べている[4]。カトリックの神は、懺悔に応えたり、免罪の要求に応じたりして、存在感を発揮するが、プロテスタントの神――とくに予定説の神――は、ただ終末に控えているだけで、人間のために何もしない。だからといって、プロテスタントの方が神に拘束される度合いが下がるわけではなく、むしろ逆である。重金主義と信用主義の関係はこれに似ている。不在の

金、仮想的な金でも受け入れる信用主義者の方が、重金主義者よりももっと深く物神崇拝しているのだ。

株式資本において資本物神の支配は完成する。株式会社においては、株主と経営者は分離する。経営者は株主に仕えるかたちにはなるが、会社の意思決定の大部分は取締役会に委ねられる。株主総会が決めることはごくわずかである。すると経営者は資本の支配からほぼ解放されたことになるかと言えば、そんなことはない。経営者は資本に常に支配されている（株価を常に気にしなくてはならない）。ただし、産業資本が株式資本となると、それは国家から相対的に自律した大勢力となる。産業資本は、国家の都合よりも、自分自身の増殖の方を優先的に配慮するようになるのだ。

では、産業資本の拡大につれて、国家の役割は小さくなるのかというと逆である。国家の役割は——総資本としての産業資本に貢献するというかたちで——大きくなる。国家には二つの仕事がある。第一に、義務教育などの規律訓練によって「労働力商品」を提供すること。第二に、労働者が、消費者として自分たちが生産した物を買い戻すことができるようにしておくこと（労働者が窮乏化しないようにするための福祉政策や法的措置）。

5　交換様式から見た資本主義

資本物神は、自らをいつまでも増殖させるように、人を駆り立てる。資本の増殖はいかにして可能か。その実現方法はひとつしかない。異なる価値体系の間での交換である。商人資本の場合は、物をその価格が安い所で買って、それが高い所で売ることで、利潤を獲得する。産業資本も、差異を利潤に転ずるという点では商人資本と変わらない。ただし、産業資本が活用する差異は、空間的な差異ではなく時間的な差異だというのが、柄谷の年来の主張である。価値体系の時間的な差異から利潤を得るとは、次のようなことだ。資本が、技術革新や共働化によって労働生産性を上げたとすると、それは、労働力の価値が下がった未来の価値体系を先取りしたのと同じことになる。こうして生じた価値体系の時間的差異が、産業資本にとっての利潤の源泉となる。

産業資本は、差異を時間的に創出しなくてはならない。そのことが産業革命をもたらした。同じことは、最初の産業革命（石炭を用いた蒸気機関による革新）だけではなく、第二次産業革命（電気と石油による）にも、そして現在進行中の第三次産業革命（コンピュータにもとづく）にも当てはまる。

交換様式の観点から資本の価値増殖を捉えたときに明確になることは次のことである。

生産とは、物の生産のことではなく、差異の生産である、と。差異から利潤を得ると、その差異はやがて消去される。実際、グローバルな資本主義によって、世界各地の文化的差異はなくなりつつある。このことは、資本が存立する基盤が失われていくことを意味する。したがって、資本は新たな危機に追いやられるだろう。しかし、だからといって――柄谷によれば――、物神が死滅するわけではない。

四　社会主義の科学

1　マルクス・エンゲルスが遺したもの

第二部と第三部の展開を駆け足で見てきた。第三部の「資本主義の科学」は、資本主義を生産様式ではなく、交換様式Cから捉えたらどうなるかについて論じたものだ。つまり、それはCに由来する物神的な力を解明するものだった。では、社会主義を、やはり交換様式から見たらどうなるのか。それが第四部「社会主義の科学」である。そこには、交換様式Dが見出される、と柄谷は述べる。

まずはマルクスとエンゲルス。彼らは交換様式という概念をもたなかった。しかし、柄谷によれば、二人はそれぞれ独自に、交換様式から社会主義を捉える見方を提起している。

マルクスの場合は、それは晩年の思索の中にある。彼は、『資本論』第二巻・第三巻を早く完成させるようにエンゲルスから再三の督促を受けながらそうはせず、代わりに二つの注目すべき仕事をした。一つは、ロシアのナロードニキの活動家ザスーリチの質問状に対する返事を書いたこと。もう一つは、ルイス・モーガンの『古代社会』に関するノートを作ったこと。

これらの仕事は何を意味しているのか。マルクスの仕事の内容には立ち入らず、本書が提起している結論だけ紹介しておこう。マルクスは、国家の揚棄は、交換様式Aを「高次元で回復する」ことによってのみ可能だ、と考えたのである。Aを「低次元」で回復したときには、想像の共同体としてのネーションを実現するだけだ。それでは、「個人的所有」（≠私的所有）は回復されない。Aの「高次元で」の回復が必要だ。それはDの出現にほかならない。ただし――本書で繰り返し注意されているのだが――、Dは人間の意志や企画によってもたらされることはない。Dは、「向こうから来る」のである。

エンゲルスもまた、ひとつだけ注目すべきものを書いている。エンゲルスを褒めているところが本書『力と交換様式』の特徴である。柄谷にとって、エンゲルスはこれまで常に、批判と嘲笑の対象だった。エンゲルスは、マルクスのための引き立て役でしかなかった。

しかし本書で初めて、柄谷はエンゲルスにポジティヴに言及した。エンゲルスは、一八四八年革命が失敗に終わった後、『ドイツ農民戦争』を書いた。これは、一六世紀の宗教的指導者トマス・ミュンツァーを社会主義革命運動の先駆者として称賛するものだ。これは非常に奇妙な著作である。というのも、当時（一八四〇年代半ば）は、宗教批判が流行っていたし、エンゲルス自身も、ミュンツァーを称賛して千年王国論を唱えてきたヴァイトリングを罵倒したこともあったからだ。なぜエンゲルスは突然、ミュンツァーを称賛したのか。

それは、一八四八年革命が、ヨーロッパ各地で失敗したことと関係している。社会主義を目指す革命がすべて負けたのは、社会主義が全面的に斥けられたからではない。そうではなく、勝利した側が「社会主義」を取り入れたからである。「社会主義」（労働者の運動の公認や支援等）は、資本主義国家にとってむしろ必要な契機にすらなった。とすれば、国家をも揚棄する未来の共産主義について、もっと根底的に考え直す必要がある。

そして、エンゲルスは、ミュンツァーの千年王国運動に注目した。その後もエンゲルスは、キリスト教への——とりわけ原始キリスト教への——関心を維持し続けたようだ。たとえば、ブルーノ・バウアーの原始キリスト教に関する研究を評価し、自分自身でも「黙

示録」について書いている。エンゲルスは結局、未来の共産主義を、原始キリスト教にあった「何か」を回復するものとして見ていたのだ。つまり、エンゲルスは共産主義を――柄谷は断定する――交換様式Dの実現として見ていたのである。

2 「希望」(ブロッホ)と「神的暴力」(ベンヤミン)

第四部の――それゆえ本書全体の――最終章は、マルクスとエンゲルスの遺した理論的可能性を読み取ろうとした人たちがいた、ということを示そうとする。

たとえば、エルンスト・ブロッホは、エンゲルスの『ドイツ農民戦争』以来の関心を受け継ごうとした。ブロッホは、資本と国家を揚棄する可能性を「希望」と名づけた。希望と願望は違う。願望は、人の主観によって招来するものだ。それに対してブロッホの「希望」は、「中断された未成のもの」が、おのずから回帰することである。柄谷によると、これは、キルケゴールの「反復」と同じものだ。「ほんとうの反復は、前方にむかって想起するのである」。「希望」とは、人が未来に意識的に望むものではなく、また実現すべき何かでもない。それは、いやおうなく、向こうから来るのだ。

ブロッホは、キリスト教神学と唯物論とを結び付けようとした。「無神論者のみがよき

キリスト教徒たりうる、キリスト教徒のみがよき無神論者たりうる」（『キリスト教の中の無神論』）。実際、ブロッホの思想は、キリスト教神学の刷新につながった（ユルゲン・モルトマン『希望の神学』）。しかし、ブロッホ自身は神学に向かったわけではなく、結局、彼が言おうとしたことは曖昧なままだ。

同じことは、ブロッホの友人のベンヤミンにも言える。ベンヤミンは『暴力批判論』で、「神話的暴力」と「神的暴力」という対立を提起した。この区別は、ジョルジュ・ソレルが『暴力論』で導入したforce（国家による力）／violence（国家に対抗する力）の区別に基づいている。forceが神話的暴力、violenceが神的暴力である。しかしこのような区別は謎めいており、両義的だ。

だが、この謎は解ける――と柄谷は書く。「〝交換〟が異なれば、異なる〝力〟が生じる」という洞察を補助線にすれば、である。たとえば、ベンヤミンの神話的暴力は交換様式Bから生じる力であり、神的暴力は、交換様式Dから生じる力である。ブロッホの「希望」とは、「中断され、おしとどめられている未来の道」であり、それを「反復」させるのは交換様式Dから生じる力である。

3　Dは〝向こうから〟来る

最後に、いくつかの実践がごく簡単に検討されている。エンゲルスが「科学的社会主義」と呼んだものは、今日、社会民主主義として受け継がれている。それは、議会制民主主義を使って、国家の力を制限し、資本主義を制御しようとする、広く行き渡った考えである。この考えにはしかし、明確に限界がある。国家や資本主義を、人間の自由な意志によっていくらでも制御できると見なしている点に、である。

交換様式Aにもとづく「ユートピアン社会主義」はどうか。これは、CとBの「力」から人を相対的に自律させる在り方で、たくさんの試みがなされてきたし、今もなされている。しかしそれらは結局、ローカルな運動にとどまり、BやCに十分に対抗できるものではない。すると、結論はどうなるのか。

では、国家や資本を揚棄すること、すなわち、交換様式でいえばBやCを揚棄することはできないのだろうか。できない。というのは、揚棄しようとすること自体が、それらを回復させてしまうからだ。唯一可能なのは、Aにもとづく社会を形成することである。が、それはローカルにとどまる。BやCの力に抑えこまれ、広がることができないからだ。

あらゆる希望が絶たれているように感じられる。だが、この文章に順接させて、次のように肯定的な言明がある。

ゆえに、それを可能にするのは、高次元でのAの回復、すなわち、Dの力によってのみである。

しかし、ここにさらに重大なひねりが加わる。

ところがDは、Aとは違って、人が願望し、あるいは企画することによって実現されるようなものではない。それはいわば〝向こうから〟来るのだ。

マルクスはこの問題を、神を持ち出さずに考えようとした、と述べたあと、柄谷は、カントに言及する。カントが社会の歴史を、自然の「隠微な計画」と見た、と。自然とは何か。それは、人間でも神でもない何かの働きである。つまり、「交換様式Dの働きを意味

する」。こう結論される。われわれとしては、もう一度、どうしてAが——Dというかたちで——高次元で回帰してくるのか、その必然性をあらためて想起すべきところである。

五　Dは必ず到来する

1　「他者」という謎

『力と交換様式』に何が書かれているか。その全体をおおむね流れにそって要約してきた。私は、ここに、柄谷行人という哲学者・思想家を最初からずっと捕らえてきた謎に、明晰な回答が与えられているのを感じる。謎とは、「他者」である。「他者」という謎だ。

たとえば、『探究I』から『トランスクリティーク』にかけての時期、柄谷は、「教える—学ぶ」の関係（あるいは「売る—買う」の関係）にずっと注目していた。ここで「私」は教える立場にある。と言うと、私は、学ぶ立場の「他者」に対して優位で、強い立場にいるかのように思うかもしれないが、そうではない。このとき、私は、ほんものの他者、つまり私と同じ言語ゲームを共有していない他者に向かっているからだ。私が言葉で何かを発話したつもりでいても、他者がそれを認め、何かを学ばなければ、結局、私が何かを意味していたことにすらならない。私が教えたことになるかは、他者が学んでくれるかどう

かにかかっているのであって、私は根本的に弱い立場にいる。

それでも、私は教えざるをえない。教える賭けに出ざるをえない。どうしてなのか。今なら答えをいうことができる。他者がその存在だけで、すでに霊的な「力」を発しているからだ。他者との関係とは、つまるところ、霊的な「力」についての体験である。

「他者」という謎は、柄谷行人に、ごく初期の段階から取り憑いていた。たとえば「意識と自然――漱石試論」で、柄谷は、漱石の『道草』の冒頭部分を分析している。主人公の健三は、散歩の途中で「帽子を被らない男」と出会い、不思議な不安の感情におそわれる。なぜ健三は不安に捕われたのか。「帽子を被らない男」が、その存在だけで、その沈黙によって、健三に対して、「お前はなにものか」という問いを、健三がなぜかそこから逃れることができないような必然的なものとして、発しているからだ。健三は、「帽子を被らない男」から、霊的な「力」が自分に向けられているのを感じているのだ。

ここで健三をとらえた不安は知識人としての不安ではなく、裸形の人間としての不安である。「帽子を被らない男」は、彼に「おまえはどこからきたのか」という問いを不意に迫りはじめるのだ。私が思い浮かべるのは、ソポクレスの劇『オイディプス王』に

おいてあらわれるオイディプスを不安にさせる予言者である。オイディプスはその予言者を黙殺し、また彼の出生の秘密にかかわった証人たちを黙殺することができたであろう。あるいは彼に「おれの素性を底の底まで探ってみせるぞ」という恐るべき意志がなければ、ことは明るみにはでなかったであろう。健三にしても同様である。(「意識と自然——漱石試論」)

オイディプスも健三も、第三者から見れば当然無視できたと考えられる問いを引き受けてしまう。それに答えることに迫られる。逃れようのない観念的な「力」が働いているからである。

本書『力と交換様式』で、柄谷行人の思考に最初から取り憑いていた謎に応答する概念が獲得された。「力」という概念が、である。その概念が、世界史の全体と社会主義への希望を語るとてつもなく包括的な体系を支えている。柄谷の著書をずっと読んできた者としては、このことには大きな感動を覚える。

2　ニュートン以上

観念的な「力」という概念は、ニュートンの物理学の「万有引力」のようなものだ。そう柄谷自身が述べている。遠隔的作用である万有引力は不可解なところがあるが、まずはそれがあることを認めることが、科学的である。ところで、万有引力に関しては、二〇世紀になってから、アインシュタインの一般相対性理論によって、「遠隔的作用」という問題は解消された。引力は時空連続体の歪みであって、決してオカルト的な遠隔的作用ではない、と。

では、柄谷が見出した観念的な「力」についてはどうか。柄谷は、自分の達成をニュートンに喩えているが、私が見るところ、それでさえも少し控え目である。つまり『力と交換様式』は、ニュートンのレベルを越え、アインシュタインの一般相対性理論に対応する部分まで踏み込んでいる。交換にともなう「力」が何に由来するのかを、原遊動性Uの概念を導入しながら、説明しているからだ。

もっとも、もう一度物理学の方を見るならば、一般相対性理論のところで、すべての問題が消え去ったわけではない。その後、量子力学と一般相対性理論の間にギャップがあることが明らかになった。このギャップを埋めなくては、引力の謎は完全に解けたことにはならない。それは、未だに成功していない。

観念的な「力」についても同じようなことが言えるかもしれない。つまり、量子力学的

な深淵のようなものがまだ残っているようにも思う。たとえば、死の欲動。これは何であろうか。いずれにせよ、これは、柄谷行人からバトンを受けて、後続の者が受け継ぐべき課題であろう。

3 「聖霊」のコミュニズム

最後に、評者の仕事と本書との接点について述べておこう。私は、およそ一年前、『力と交換様式』と主題がかなり重なる『経済の起原』という本を出した。[5] 小著で、『力と交換様式』のような圧倒的な包括性はない。資本や資本主義についても、まったく論じてはいない。ただ、『経済の起原』の最後に書いたことが『力と交換様式』と共振するのを私は感じている。

私は、拙著の最後で、コミュニズムの論理的な可能性を、キリスト教でいう「聖霊 Holy Ghost」に伏在する原理を抽出することを通じて弁証しようと試みている。聖霊とは、結局のところ、信者たちの共同性（アソシエーション）である。聖霊は、「父なる神＝子なるキリスト＝聖霊」という三位一体の一つの位格を形成している。三者が同一の実体であるということは、決して比喩（冗談）ではない。だがどうして、神とキリストと聖霊が同

一だと言えるのか。

詳しくは論じないが、その同一性は、贖罪の論理を基礎にして説明できるというのが、私の考えである。キリストの死によって人間の原罪が贖《あがな》われる。そのように考えられている。「贖い」は、完全に互酬、つまり交換様式Aに属する。だがよく見ると、キリストの死による贖罪は、Aの否定でもある。子なるキリストと父なる神とが完全に同一であるとすると、キリストが十字架の上で死んだとき、誰が何を誰に対して贈与したことになるのだろうか。つまり、キリストによる贖罪は、交換様式Aでもあり、その否定でもある。この二律背反から、信者の普遍的な共同性としての聖霊が導かれるようになっている。

交換様式Dについてもこれと類似した原理が作用しているように思う。Dは、交換様式Aが回帰してきたものである。しかし、同時にその否定でもある。なぜなら、交換様式Aの基底には、原遊動性Uがあるからだ。共同寄託がなされるUにおいては、Aは無意味化してしまう。そして、Uへと向かおうとする欲動があるからこそ、Aは回帰してくるのであった。そうであるとすれば、DはAでありかつ、Aではない、ということになる。このAをめぐる逆説が、Dの実現としてのコミュニズムに可能性を与えている。私は、本書を通じて、自分の曖昧な直感が、交換様式についての「力」学によって明晰に論理化され、

裏打ちされるかもしれないという嬉しい予感をもつことができた。

本書の最後の言葉を聞こう。

そこで私は、最後に、一言いっておきたい。今後に、戦争と恐慌、つまり、ＢとＣが必然的にもたらす危機が幾度も生じるだろう。しかし、それゆえにこそ、〝Ａの高次元での回復〟としてのＤが必ず到来する、と。

註（１）そうすると生産様式論の欠落を交換様式論が――「力」の概念とともに――どのように克服しているかを見極めることができるからである。

（２）それは友好的な互酬交換のようにポジティヴに作用する場合も、また敵対的な戦争のようにネガティヴに作用する場合もある。どちらにせよ、国家の形成は妨げられる。

（３）都市国家は首長制社会を統合することによって生まれる。都市は、交易の場（Ｃ）であり、同時に外敵から自らを守る武装した国家（Ｂ）でもあった。

（４）ここで（も）マルクスとヴェーバーの考えが重なることになる。

（５）大澤真幸『経済の起原』岩波書店、２０２２年。

転移D——友・親・店・鬱

東畑開人

交換には力がある。柄谷行人はこれを霊的な力というけれど、それは見えないものに働きかける見えない力なのだから、別に心的な力と呼んでもいいはずだ。

私たち心理療法家は普段、小さな面接室で交換を行っている。何と何が交換されているのか？　お金と時間、ケアと物語、愛情と憎しみ、ケース・バイ・ケースだ。いずれにせよ、人と人とが出会い、交換を行うことによって発生する心的な力を利用して、心理療法家は仕事をしている。

利用といっても、エンジニアが原子力発電所を設計するように、力そのものを制御して操作しようとするわけではない。心は工学的な対象にはならない。むしろ、私たちはヨット乗りに似ている。潮や風を読み、それらにできる限り抗わず、目的地の方へうまく流されるように、帆と舵を調整するのである。この心的な潮と風を精神分析は「転移」と呼んでいる。

柄谷が世界史という極マクロな実験室で観察した交換様式たち（柄谷はそれらを4つに分類し、A＝互酬、B＝服従と保護、C＝商品交換、D＝Aの高次元での回復としている）につ

いて、小論では面接室という極ミクロな実験室で考えてみようと思う。心と心の間で、いかなる潮が流れ、いかなる風が吹くのか。転移にはいかなる力が漲っているのか。これが問いだ。

もしかしたら、すべてが矮小化されてしまうかもしれない。共同体と共同体の交換のダイナミズムは、個人と個人の心的力動へと頽落《たいらく》し、世界平和の理念は面接室と内面の平和へと回収されることだろう。しょうがない。心理療法とは霊たちを失った寂しい世界の営みなのだ。大きな世界にリアリティが持てなくなったとき、小さき個人の体験世界で代替する。それが偉大なマルクスに対する小市民フロイトの立ち位置であり、そして心理療法家の現実感覚なのである。

転移A＝友

転移Aの原理は「互酬」である。これは心理療法以前にクライエントを取り巻いていたものだ。ほとんどのメンタルヘルスの問題は、家族による配慮、友人との気晴らし、同僚との相談といった身内で交わされる互酬的ケアによって解消される。おそらくあなたもそのようなピアサポートの循環に身を置いている（いた）はずだ（これについて書いたのが拙

著『聞く技術　聞いてもらう技術』）。

医療人類学者クラインマン（『臨床人類学』）はこのようなピアサポートをヘルス・ケア・システムの「民間セクター」と呼び、そこでの度重なる失敗や破綻から人々は「専門職セクター」を訪れるとしている。不調が深刻化して、周囲の人には理解できなくなり、対応しきれなくなったときに転移Aは破綻し、人々は心理療法家を求めるということだ。

ただし、心理療法家とクライエントを最初に結び付けるのも転移Aである。私たちは最初の面接で「理解」を提供する。正常心理学（ブルーナーが『意味の復権』でいうフォーク・サイコロジー）だけではなく、異常心理学（あるいは精神病理学）にも基づいて、彼らの抱えている苦悩や混乱を了解し、定式化し、説明する。それがうまくいくと、彼らの孤独は和らぎ、回復への希望が兆す。ここに成立するものを、私たちは「ラポール」とか「穏やかな陽性転移」と呼ぶ。前者は「催眠の19世紀」に人間と人間を磁石のように結びつける神秘的な（霊的な！）力として案出された言葉であり、後者はそれを心理学化することで脱臭した精神分析臨床の言葉である。フロイトが症例ドラで示したように、狭義の転移は治療の障壁となる過去の反復を意味し、そこにこそ病理が再現されるということなのだが、実際の臨床を最初にドライブするのはむしろ広義の転移である。「この人ならわかってく

れるかもしれない」という心理療法家への素朴な信頼が治療同盟を可能にし、治療的作業の土台となるのである。「穏やかな陽性転移」とはそういうものだ。

転移Aには友の感覚がある。それはシュミットが『政治的なものの概念』でいう「友―敵」のポリティカルな仲間性とは違う。自分の苦悩が人間的なものとして理解され、人間的な付き合いがなされること。お互いをよく知っていること――「熟知性（中井久夫の『治療文化論』）」からくるこの互酬的なつながりを一般的には「友」と呼び、私は「転移A」と呼んでいるのであろう。

これを熱望したのがかつての反精神医学や反臨床心理学だった。彼らは専門家による治療に暴力性を見て取り、治療共同体という転移Aの共和国を建設することを夢見た。「人々が友として付き合うことこそが治療である」というその共和国がサステナブルではなかったのは歴史の教えるところであるが、現代に至るまで繰り返しそのような実践は出現し続けてきたのも歴史の教えるところである。人間にはそういう霊的な熱情がある。

転移B＝親

実のところ、転移Aを維持したまま、心理療法を終えられることも少なくない。信頼感

に支えられて、環境を改善し、生活を整え、困りごとを解消する。それで十分、ふつうの心理療法の仕事は果たされている。しかし、それだけでは話が終わらないときもある。パーソナリティを振り返り、無意識に沈んだままの歴史――抑圧されたものを問題にしなくてはならないときだ。そういうときに、精神分析的心理療法が開始される。

年単位で、毎週毎週私たちは会い続け、あらゆる話が自由連想的になされる。すると、ふしぎなことに心理療法は徐々にぎこちなくなっていく。多くのことがシェアされればされるほどに、二人の関係はなぜか窮屈になっていき、面接室は苦しい場所になっていく。

強い風が吹き始めている。転移Bが頭をもたげている。その原理は「服従と保護」。かつて保護してくれたがゆえに、支配を強いてきた人物、つまり親＝家族との関係が面接室に姿を現す。信田さよ子がその名も『家族と国家は共謀する』という本を書いたことを思い出してもいい。柄谷が交換様式Bで示した国家による略取と再分配の雛型は家族にあって、それが転移Aを崩壊させ、心理療法を切迫した場所にするのである。

そのとき、心理療法家は脱価値化されて、無能だったり、無情だったり、搾取的であったりする。あるいは逆に、理想化されて、有能だったり、愛情深かったり、無私の人だったりする（そしてその裏側には自分に対してはケチで、意地悪な人物であるという不信感がある）。

これこそがフロイトが最初に指摘した通りの転移である。過去が現在に反復されるのだ。

理論的には転移Bはファンタジーである。クライエントの内的世界が心理療法家というブランクスクリーンに投影されているとされる。ただし、現代精神分析はこれに修正を加えた。それはむしろ劇化だ、と（たとえば、北山修『劇的な精神分析入門』）。心理療法家は実際に親そのものになっていて、クライエントの親みたいなことを感じたり考えたりし始めている（逆転移Bだ）。だからこそ、心理療法家が自身の心について振り返り、二人の心の間に起こっている関係性について話し合い続けることで、無意識への理解が深まり、それについて行動するのではなく、考えることができるようになっていく。そのようにして風が弱まると、転移Bをファンタジーとして感じることができるようになる。現在を闊歩する幽霊が、過去の悲しい記憶として弔われ、その悲しみを心のうちに置いておけるようになる。これが精神分析の治療機序である。

転移C＝店

問題は転移Bと混じり合ったり、交差したりしながら面接室に生起している転移Cである。それはしばしば転移Bとして解釈され、理解されてしまうのだが、実際には転移Cに

は固有の現実性がある。

その原理は「商品交換」にある。端的に言うならば、面接室とは店なのであり、心理療法家がしているのは貨幣と引き換えに時間を差し出す商売である。50分の間、私たちはきわめて親密な時間を過ごす。誰にも言えなかった秘密が打ち明けられ、そこにあった傷つきに人間的理解が寄せられる。あるいは積もりに積もった憎しみが心理療法家にぶつけられ、隠し持たれてきた愛情がほのかに示されたりする。罵倒や熱情のような日常ではありえないような生々しいコミュニケーションが積み重ねられるのだ。それでも、時間がやってくると、クライエントは紙幣を手渡し、領収書を受け取ることになる。紙と紙が交換され、舞台の幕が閉じる。夢は覚める。

心理療法が商売であること。この身も蓋もない現実は、一方で心理療法を安全なものにしている。そこで語られたことに守秘義務があり、心理療法家があくまで人生の第三者に留まるからこそ確保される自由というものがある。しかし、それは深刻にさみしいことでもある。心理療法家は友でもなければ、親でもない。店である。二人を結びつけているのは貨幣にすぎず、その関係はいつか終わる。この孤独が心理療法の深いところを流れている潮である。

転移Ｃは現実だ。実際に心理療法は資本主義社会における第三次産業のひとつであり、そういう社会であるからこそ、この仕事は必要とされる。この根源的なさみしさは、普段は麻痺して感じないで済んでいるのだけど、心理療法の中でふと気がつかれる。すると、その痛みが転移Ｂを引き寄せる。さみしさを埋めるためには、激しい愛憎が必要となるのである。そのさみしさに耐えることができるほどには、人と人とがつながっている感覚を得ようと私たちはもがく。

転移Ｄ＝鬱

転移Ａの失敗をきっかけに始まった心理療法は、転移Ａの再建と幻滅、そして転移Ｂという暴風、転移Ｃという強い潮に流されながら進んでいく。ヨットが転覆しないように最低限の舵取りを行いながら、私は風と潮を読み、クライエントの心を想像し続ける。心的な力がクライエントの内的世界を描きながら、ヨットをどこかへと連れていく。

タフな道のりだ。孤独は深まり、心は戦争状態になる。それでも私たちは話を続ける。そこに転移Ｄが現れる。柄谷は交換様式ＤをＡの高次の回復として、それをまだ見ぬ、そして人為的には到達できない超越的な何かとした。しかし、心理療法家にとってのＤはプ

ラクティカルで、プラグマティックで、現世的なものである。そうじゃなくては、職業としての心理療法は不可能になってしまう。

体験的に言おう。転移Ｄとは転移Ｂと転移Ｃの最中での転移Ａの回復に他ならない。心理療法家は親であり、店でもある。確かにそうだ。しかし友で「も」ある。いや、友とまで言うと欺瞞かもしれない。それでも友的な何かで「も」あるはずだ。この「も」の感覚、ＡとＢとＣが同時に心に置かれている状態がＤである。

理論的にはメラニー・クラインが妄想分裂（paranoid-schizoid）ポジションと対置した抑うつ（depressive）ポジションのことだ。つまり、心に複数のものがバラバラに置かれ、分裂していた部分対象関係のＰＳポジションと、それらを多面的な存在として一つにまとめ上げる全体対象関係のＤポジション。前者から後者への移行こそが、心の発達であるのだと、クラインは定式化した。

転移Ｄは「鬱」である。というと、精神分析に馴染みのない読者は戸惑われるかもしれない。精神科の診断としての「鬱病」を思い浮かべてしまうと、クラインの言う「抑うつ」の感覚を捉え損なってしまうからだ。抑うつポジション（Ｄポジション）の基調にあるのが喪失の感覚なのが重要だ。心理療法家は友でもあり、親でもあり、店でもある複雑

な存在であると感じられたとき、そこには絶対的な善としての心理療法家も、絶対的な悪としての心理療法家も喪失されている。それが私たちを悲しくさせる。

憎んでいたものに善きところがあり、愛すべきものに悪が含まれている。人間が複雑であることを知るのは、悲しいことなのだ。しかし、それがゆえに、私たちはその人に今まで加えた攻撃を悔いて償いたくなり、弱さを抱えたその人への思いやりを抱くことができる。これこそが転移Ａと転移Ｂと転移Ｃの同居の意味である。

心理療法は長い時間をかけて行われる。愛情と憎しみが飛び交い、世界を一色に染め上げようとする力に抗して、時間がそれらの両方を置いておくことを助けてくれる。そのようにして、私たちはゆっくりと喪の作業を行い、Depression（鬱・抑うつ）に留まれるようになる。これこそが転移Ｄの地平であり、心の平和のために開かれた魂の余白なのである。

終わりに

結局、矮小化になったのであろう。転移Ｄは世界を変えず、ともすれば現状を肯定するものだからだ。転移Ｄはさまざまな矛盾や葛藤のある心理療法家を、他者を、つまり現世

を生き抜こうとする心の働きである。この霊なき心、来世なき現世の思想こそが、心理療法家の小ささであり、批判されるところであったのは自覚している。

それでも、私たちが交換に備わる力を深く知っていることは揺るがない。無慈悲な世界に放り出された人々が、交換の果てに世界に濃淡があり、絶望だけではなく希望「も」存在することを見出す。そのプロセスに付き合うのが私たちの仕事だ。ここには大きなものへの幻滅があり、喪失がある。そして、そのように喪失できることこそが回復であるという信念がある。

大きなものがない。親は老いるし、神はどうやらいない。世界経済には限界があり、地球は人間にとってはあまりに小さい。あの世という広がりやフロンティアもないのかもしれない。この喪失の感覚によって、私たちは他者を労《いた》わることを始める。つまり、これまでと違った交換を始める。これが心理療法の知である。そこに生起している力にどれだけの広がりがありうるのか、大きさが内在しているのか、これに取り組むのはまた別の人の仕事であろう。たとえば、思想家や政治家のように、あるいは柄谷の本を読んだあなたのように、世界について考える人たちの仕事であろう。

希望の現実化のために

渡邊英理

1　潜勢する「力」、交換様式Ｄ

『力と交換様式』は、翻訳されることをあらかじめ意識した簡潔な文体で書かれている。無駄を削ぎ落とす試みとも見える「晩年様式《レイト・スタイル》」を駆使して書かれた同書で、柄谷行人は、交換様式Ｄの姿を顕すことに挑んだ。

交換様式Ｄとは、『トランスクリティーク』や『世界共和国へ』以来、柄谷が提唱している四つの交換様式のひとつだ。この理論的概念を、柄谷は、一般的なマルクス主義がとり零《こぼ》してきたマルクスの思想に遡り、それを批判（吟味）しながら導き出している。社会構成体が経済的下部構造で決定されている、これがマルクス主義のテーゼである。しかし、主流的なマルクス主義が、そのベースを生産様式におくのに対し、柄谷は、それを交換様式に見る。その交換様式を柄谷は、Ａ：互酬（贈与と返礼）、Ｂ：服従と保護（略取と再分配）、Ｃ：商品交換（貨幣と商品）、Ｄ：Ａの高次元での回復、の四つに分節して示した。交換様式Ｂは国家、交換様式Ｃは資本、交換様式Ａは、国家と資本の登場以前の氏族社会

にあたる。これらの四つの様式は、単線的な発展段階を示すものではない。いずれかの優勢が他の消滅を意味する訳ではなくそれらは併存しうる。ゆえに現在の社会は、資本＝（Aの低次の回復としての）ネーション＝国家の複合体として解析される。交換様式Dにおいては、この資本＝ネーション＝国家を揚棄する「力」が発現する。

　では、交換様式Dはいかにして顕れるのか。『力と交換様式』は、この問いをめぐって書かれている。とはいえ、Dの顕れに関して柄谷は慎重である。Dは高次元でのAの回復だが、「Aとは違って、人が願望し、あるいは企画することによって実現されるようなものではない」。それは、「向こうから来る」。

　この一見謎めいた柄谷の言葉が意味するところはなにか。それは、交換様式Dが潜勢する「力」としてつねにすでに実在しているということだ。

　この点に関して、文化人類学者の石井美保が言う、潜在的なもの（「潜在性」）と可能的なものの差異が参考になる。石井は、ジル・ドゥルーズ、木村敏、ヴィヴェイロス・デ・カストロを引きながら、実在か否かが問われる可能的なものと異なり、潜在的なもの（「潜在性」）が、「まったき実在性」をもっている（『差異と反復』）と指摘する（石井美保『環世界の人類学』京都大学学術出版会、二〇一七年）。やや込み入った議論になるが、ベルグソン、

ドゥルーズの概念を整理する木村敏に依拠しつつ石井が述べるところによれば、以下のように素描できる。

潜在的なもの（「潜在性」）と可能的なものは、それぞれ「主観的・私的なもの（精神、持続、記憶）」と「事実・客観的なもの（object、objectif）」に対応する。「事実・客観的なもの（object、objectif）は潜在性《ヴァーチュアリティ》を持たず、可能《ポッシブル》と実在《リアル》のセットで考えられるべきもの」、すなわち「可能的なものは、実在的なものに対立し」、「可能的なもののプロセスは、『実在化《レアリザシオン》』であ」る。それに対して、「主観的・私的なもの（精神、持続、記憶）は、潜在的《ヴァーチュアル》なものである」。そして、この場合の潜在的なもの、すなわち『潜在性』とは、『現　実　化《アクチュアライゼーション》』の途上にあ」り、「潜在的なものであるままに、ある実在性《リアリティ》をもっている」。

簡単に言えば、「事実・客観的なもの」は「実在化」のプロセスとしての「可能性」で捉えられ実在か否かが問われるが、観念的なものは「潜在性」を持ち、「現実化」の途上（潜在）にありつつ実在はしているということだ。

交換様式Dの顕れを求めて『力と交換様式』でとられた方法の要は、交換にまつわる「力」を探求することである。しかし、「その力は物理的な力ではなく、観念的、あるいは霊的な力を指す」。実際、柄谷が交換にまつわる「力」として対象化するのは、貨幣や資

本に関する「物神（フェティシュ）」などであり、それは、およそ「事実・客観的なもの」ではない。柄谷自身が言うように、その「力」は、「観念的・霊的なもの」である。「そして、この力は『交換』の種類によって異なる」。したがって、交換様式Dを求めることは、すなわちDの観念的で霊的な「力」を手繰り寄せることだ。このDの「力」もまた、観念的である点で潜在的なものであり、ゆえに、この「力」は実在することになろう。実在か否かが焦点となる「事実・客観的なもの」に対し、観念的なものはまったき実在性をもっている。

この実在は、交換様式にまつわる種々の観念的で霊的な「力」を非科学的なものとして斥けるのではなく、それが実際にあるものとして、実在するものとして考察した柄谷の態度それ自体に支持されている。交換様式Dは、つねにすでに実在している。現実化《アクチュアライゼーション》の途上にある潜勢力として。潜在性として実在するDはいずれ現実化するだろう。柄谷の言葉の意味するところは、これである。この点において、『力と交換様式』は、ままならない現実のなかで、絶望のなかの「希望」の書として読まれる。

2　現実化のためのレッスン

交換様式Dの「力」は、実在する。しかし、それは潜在的な領域にとどまり未だ現実化はしていない。では、Dは、いかに現実化するのだろうか。先に触れたように、柄谷は、Dを実現しようとする主体の意思や企画を否定しているように見える。しかしながら、意思や企画に対する柄谷の警戒は、国家と主権に絡め取られた国家社会主義の負の歴史に対する深い反省に由来する面が大きい。したがって、それに類する企図への牽制をまずそこには読みとるべきだろう。柄谷が資本と国家の揚棄の条件として、マルクスのいう世界同時革命（資本と国家の同時的揚棄）を重視するのもそれゆえである。

とはいえ、Dの現実化を柄谷は斥けている訳ではない。実際、交換様式Dの前段階たるA的実践として、柄谷はスペインの協同組合モンドラゴンやアメリカ・オハイオ州のアーミッシュに言及している。同様の文脈で、高円寺・素人の乱／松本哉も話題にしている（本書第I部に収録の「講演『力と交換様式』をめぐって」）。これらは、たとえローカルな次元にとどまるにしても、それゆえ国家主権を免れており、現代世界を覆う資本＝ネーション＝国家の網の目を綻ばせるDの「力」が現実化するかもしれない「飛び地」といえる。そして、それは、〈いま・ここ〉で困難や生き辛さを抱える人々の具体的な支えになるに

ちがいない。また、前著『世界史の構造』で柄谷は、資本主義とは異なる経済圏の創出として、協同組合や地域通貨などに注目している。同様に、国家とは異なる政治圏の創出のヒントもまた柄谷自身が示している。

　たとえば、柄谷が『世界史の構造』で論じた氏族社会における血讐《けつしゅう》は、そのひとつだろう。氏族社会は交換様式A、互酬（贈与と返礼）が支配的な社会である。柄谷は文化人類学の知見をサーベイしつつ、氏族社会を「国家に抗する社会」（クラストル）として捉える。平等性や独立性を呼び込む互酬という交換様式が「国家の成立を許さない」からだ。共同体の成員が他の共同体の成員によって殺された場合の報復である血讐もまた、同様の互酬的なものとして理解される。血讐が、殺された成員を共同体所有の喪失と捉え、「加害者の共同体に同じ喪失をこうむらせること」で償わせる行為だからだ。柄谷は、血讐が禁止されるのは、犯罪を裁く上位組織としての国家が成立した時だと述べる。言い換えれば、「上位組織に対する各共同体の独立性を回復する」血讐は、国家の形成を妨げるということだ。

　この指摘は、国家に罪を裁く権利を委ねることを常態とする「国民」（ネーション）の感性に揺さぶりをかける。国家の裁きに身を任せることは、国家を所与とし内面化すること

だ。国家の裁きからの解放はまた、国家の揚棄をも意味する。かと言って、血讐を復活させればよいという訳でもない。Dは、Aの高次での回復でなければならない。しかし、まるで皮膚のように自らを覆う国家的感性に対する気づきは、国家を離れた思考を可能にする。この意味において、Dとは、資本＝ネーション＝国家を批判的に対象化したうえで相対化し、その揚棄を具体的に想像＝創造するための方法論的な視座である。

　今日、資本主義的近代国家体制の社会を生きるわたしたちは、それ以前の、それが存在しなかった社会の思考や感性、その実践や潜勢力を知覚することは容易ではない。生活の隅々まで資本主義と国家が浸食しており、C（資本）とB（国家）が交換様式Aの文脈や遊動性を周縁化し抑圧する社会構造が、その知覚を妨げるからである。『世界史の構造』から『力と交換様式』まで継続されるC（資本）とB（国家）の生成過程、そしてその「力」の飽くなき思弁的な追究は、それらが主流化・制度化する以前の水平的な社会のビジョンを提示することによって、自明化された認識のフレームを揺るがし、感性の変革を求める。資本＝ネーション＝国家に拘束された「わたしたち」自身を学び去る《アンラーン》契機を本書は読者にもたらす。このレッスンは、Dの現実化の十分条件ではないが、必要条件であり、その大切な一歩であるだろう。

3　「もうひとつの、この世」と「希望」

『力と交換様式』でも、『世界史の構造』につづき柄谷は、Dの到来のひとつを原始キリスト教におけるイエスに見出している。柄谷によれば、イエスは、王と国家を斥け、家族と共同体を斥け、貨幣の権威をも斥ける。またイエスの説く隣人愛とは、「社会的諸関係を越えて見出されるような他者」への愛であり、それは「交換様式A・B・Cを越えて人と交わること」である。柄谷はそこにDの契機を見出す。

Dとしてのイエスから、わたしは、中上健次が路地の「公共性」を同じイエスの実践に見出したことを思い起こさずにはいられない。昨夏（二〇二二年七月）上梓した『中上健次論』で論じたことだが、『熊野集』「海神」で路地の「公共性」を体現する路地のアニ、「喰いつめ者」の完治は、複数の行動倫理や思想資源を携えるが、そのひとつは「治癒神」イエスのそれである。山形孝夫によれば、古代ヘレニズム時代、軽度な外科手術を行うアスクレピオスに対して、イエスは、狂気やハンセン病など、当時、宗教的禁忌によって蔑視され、社会の最下層で生きながら死者のごとき扱いを被っていた人々の治癒《キュア》=手当《ケア》を試みた（『治癒神イエスの誕生』ちくま学芸文庫、二〇一〇年）。路地の「公共性」もまた、

これと同じく病者と弱者の居場所を保障するものでなければならない。

　完治は、資本と国家に収奪された「公共性」とは異なる、路地のそれを無意識的に蘇生させようとする。中上は、教会の権威化や植民地主義の「尖兵」を担った宣教師たちと対照させつつ、「治癒神」イエスを路地の完治に憑依させている。わたしは、中上が柄谷の現在の仕事を予言しているというようなことが言いたいのではない。もとより中上文学における交通や交換の主題は、柄谷との同時代的共鳴を抜きに読むことはできない。ただ柄谷がイエスにDを見たとすれば、中上は同じイエスに路地の「公共性」を見出したということであり、そして、もし、まだ中上が生きていたなら、ふたりの間でどのような対話がなされたのか、ただ想像するだけである。

　Dはまた、彼岸ではなく此岸にある。柄谷が前著『世界史の構造』で論じたように、「神の国」を彼岸化し天上化する態度が現実に対して非政治的に働いたのに対し、それを此岸に求めることは、現実に対して批判的に介入し政治的に抵抗することだ。Dもまた「あの世」ではなく「この世」にあり、それは、石牟礼道子がいうところの「もうひとつの、この世」であるとも言えよう。「この世ではなく、あの世でもなく、まして前世でもなく、もうひとつの、この世である」。そして、石牟礼の「もうひとつの、この世」も柄

谷の交換様式Dも、いずれも此岸であるこの世界の片隅にとどまる点において、きわめて現実的であり政治的である。

もう一点、本書に関しておそらく議論を呼ぶであろう霊について手短に触れておきたい。本書で柄谷は、霊、あるいは霊的なものを実在するものとして考察し、また宗教的世界をも重視している。しかし、この霊は、序論で示されるように、ヘーゲルのダイモン（精神）に由来する西洋哲学の伝統、その言説の系譜に位置する形而上学的概念でもある。同時に、霊的なものや宗教に対する傾斜は、人間と自然の「物質代謝」（マルクス）を論じることで強調される「環境」への視座と同じく、柄谷の脱人間／人文主義《ポストヒューマン》的転回としても理解すべきだろう。

神／宗教から人間性を解放する人間／人文主義は、今日、それが人間の人間に対する支配と、人間の自然に対する支配を内包する点で批判的に問い直されている。サイード門下でもあるインド・コルカタ生まれの比較文学者ゴウリ・ヴィシュワナータンは、師である人文学者エドワード・サイードの「世俗批評」を「宗教」によって代補《サプリメント》している。詳細は邦訳をはじめとするその仕事に直接触れていただくに如《し》くはないのだが、ヴィシュワナータンの眼目のひとつは、サイードの「世俗批評」が呼び込む「宗教—世俗」の二項対立的

図式、「制度的宗教と公定世俗主義」によって掻き消される異他的異端的要素を、サイード的な批評——超越的で不可侵の彼岸（「あの世」）的な「理論」や〈起源〉に依拠するのではなく、あくまでこの世界（この世・此岸）に内在しながら行う「権威」への〈異議申し立て〉——によって掬い／救いとるところにある。異他的異端的要素を手がかりに「宗教―世俗」の人間中心主義的ビジョンを問い直し、「もうひとつの、この世」を探求する。ヴィシュワナータンの批評には、環境的《エコロジカル》なアプローチとは異なる、脱人間／人文主義の企てを感受できるだろう。

柄谷の霊や宗教をめぐる思索は、このヴィシュワナータンの脱人間／人文主義的な「異他的世界」（other-worldliness・三原芳秋）や「異他的思想」（heterodoxy）を想起させる（ゴウリ・ヴィシュワナータン『異議申し立てとしての宗教』三原芳秋編訳、みすず書房、二〇一八年）。死者という過去の他者とも未生の未来の他者とも連なり境を越えゆく世界が、この霊への感受において開かれる。

ところで、すでに述べたように柄谷はDの実現に向けての意思や企画に対して否定的である。一義的な意図や目的への還元を拒むこの態度は、「革命」「運動」に対するジェンダー論的クィアフェミニズム的介入と遠くない。現在をないがしろにする未来的ユートピア

志向、「大義」のためには性の政治を等閑視することも辞さない「革命」という大文字の政治の小文字の政治に対する優越、性差別・民族差別をはらむ「運動」内部の家父長制・自民族中心主義など、「革命」「運動」の一義的な意図や目的論的な物語はクィアフェミニズムや少数者《マイノリティ》の立場から批判に付されてきた。それと同様の身振りにある柄谷の言葉は、Ｄの現実化が、性暴力や性差別、クィアな関係性や存在への抑圧の解消を伴うことを暗示しているように思える。

交換様式Ａが婚姻という性／身体の交換を含むように、Ａの高次元の回復としてのＤが到来するには、Ａ・Ｂ・Ｃにおける性的な交換もまた高次元で解消されるべきだろう。それらは、まさに「生産様式」の「移行」をめぐる「大きな物語」を、「交換様式」から描き直すことで世界史的視野を手放さずに問題化されうる小文字の政治である。

ただし、この点に関して柄谷は寡黙である。柄谷自身は、万人の平等には男女平等を含むとしているが、もし、この視点を掘り下げたなら、Ｄやその前段階のＡ的顕れを例示するリストは、もうすこし長く豊富で多様になったにちがいない。しかし、そのことで柄谷を批判する暇があれば、わたしたちはそのリストをそれぞれの問題意識で代補《サプリメント》していけばよい。柄谷がこれまで持続してきた思索の先に展望される無支配／無権力と重なりあう思

想と実践をそれぞれのやり方でわたしたちは展開すればいいのだ。

無支配／無権力の実現は簡単ではない。そう述べる柄谷は誠実である。同時に、ブロッホを引きつつ、「『中断された未成のもの』が、おのずから回帰すること」を「希望」とする柄谷に感じるのは、世界に対する信頼である。この「希望」はまた、潰えたものたちを高次元で回復させようとする柄谷行人の言葉の有り様をあらわしている。コミュニズムの価値が切り下げられ社会主義の理念が致命的なまでに傷つけられた世界で、冷戦以後も冷戦的感性を標準として社会主義的な文脈が棄却されてきた日本語圏で、柄谷はマルクスの可能性の中心を賦活させてきた。その「希望」の営みに『力と交換様式』も連なる。

この本の最後で、柄谷は、今後も、BとCがもたらす危機、戦争と恐慌が幾度も起こることになるだろうと言う。と同時に、そうであるがゆえに、その危機においてAの高次元の回復としてDが到来すると著して本書を終える。柄谷が示唆するのは、現状は、必然でも運命でもなく、変えることができるということであり、変わり得ることへの希望である。

「不可能の可能性」の追究

佐藤優

知的刺激に溢れた凄みのある作品だ。柄谷行人氏は、マルクスとエンゲルスの思想を両者が公式に表明していた生産様式ではなく、メタの立場から、具体的には交換様式という切り口から解釈することでマルクス主義の現代的可能性が生まれると考える。柄谷氏は自らの知的戦略についてこう記す。

〈簡単にいうと、マルクス主義の標準的な理論では、社会構成体の歴史が、建築的なメタファーにもとづいて考えられた。つまり、生産様式が経済的なベース（土台）にあり、政治的・観念的な上部構造がそれによって規定されているということになっている。私は、社会構成体の歴史が経済的ベースによって決定されているということに反対ではないが、ただ、そのベースは生産様式だけではなく、むしろ交換様式にあると考えたのである。交換様式には次の四つがある。／A 互酬（贈与と返礼）／B 服従と保護（略取と再分配）／C 商品交換（貨幣と商品）／D Aの高次元での回復／私がこのように考えるようになったのは、経済的ベースを生産様式（生産力と生産関係）に見出すマルクス主義の見方では

うまく説明できないことが多かったため、それがさまざまな形で批判され、最終的に、経済的ベースという考えそのものが否定されるにいたったからだ。その最初の重要な批判者として、マックス・ヴェーバーを挙げてよい。彼は、史的唯物論を原則的に認めながら、観念的上部構造の相対的自律性を主張した。たとえば、マルクス主義では、近世の宗教改革（プロテスタンティズム）を資本主義経済の発展の産物として見るが、ヴェーバーは逆に、それが産業資本主義を推進する力として働いたことを強調した（『プロテスタンティズムの倫理と資本主義の精神』）。つまり、宗教のような観念的上部構造は、たんに経済的ベースによって受動的に規定されるだけでなく、むしろ能動的に後者を変える「力」をもつとみたわけである。〉

伝統的なキリスト教神学で言うところの聖霊を「力」と置き換えることによって、目に見えないが確実に存在する事柄について柄谷氏は語っているのだ。柄谷神学の誕生と呼んでもいいと思う。柄谷神学は、晩年のエンゲルスの宗教観と密接に関連している。ところでマルクスの『資本論』第一巻と第二巻、第三巻の文体は本質的に異なる。文体が思想を反映したものと考えるならば、第一巻を執筆したマルクスと同人の遺稿を整理して第二巻、第三巻の原稿を執筆したエンゲルスは異なる思想の持ち主ということになる。柄谷氏は、

晩年のマルクスが古代社会を研究し、エンゲルスがキリスト教の意義を再考察したところに両者の差異があると考える。

〈たとえば、一方は古代社会へ、他方は原始キリスト教へ。しかし、交換様式の観点から見ると、彼らが同じ問題、すなわち、資本と国家を揚棄した共産主義社会の可能性を追求していたことがわかる。たとえば、マルクスは『古代社会』、すなわち交換様式Aが優位にあった社会を考察し、共産主義をそこにあったものの〝高次元での回復〟として見るにいたった。それは、生産力の尺度から社会史を見る史的唯物論とは異質なものであった。一方、エンゲルスは、未来の共産主義を、原始キリスト教にあった〝何か〟を回復するものとして見た。これも、彼自身が唱えた史的唯物論、あるいは「科学的社会主義」とは異質な観点であった。このとき、エンゲルスは共産主義を、生産様式からではなく、事実上交換様式から見ていたのである。すなわち、交換様式Dの実現として。／晩年のマルクスとエンゲルスは、共産主義がたんに生産様式（生産力と生産関係）の観点からでは考えられない問題だということに気づいていたが、そのことを理論的に明確にしえなかった。そのため、彼らが最晩年に遺した仕事の意義が理解されなかったのである。また、彼らの死後に、形成された「マルクス主義」では、以上の論点は消滅してしまった。〉

ロシア・マルクス主義（レーニン主義、スターリン主義）によって忘却されてしまった交換様式D（共産主義社会と言い換えることも可能である）の回復をマルクスとエンゲルスに依拠することで甦らせることを柄谷氏は図っている。神学的に言うならば世俗化された復活論だ。

ロシア・マルクス主義が聖霊を忘却してしまう過程においてハンガリーのマルクス主義哲学者ジェルジュ・ルカーチの物象化論が否定的役割を果たしたと柄谷氏は考える。

〈しかし、彼（引用者註＊マルクス）が言及した「物神」はたんなる比喩として受け取られただけであった。たとえば、マルクス主義の哲学者ジェルジュ・ルカーチは『歴史と階級意識』（一九二三年）において、物神化に一切触れることなく、それを物象化と言い換えた。物象化とは、人間と人間の関係が物と物の関係のように扱われることを意味する。マルクスが資本主義経済の秘密を〝物神〟に見出そうとしたにもかかわらず、ルカーチはそれをたんなる冗談として片づけてしまった。そして、それに反対する者もいなかった。そのため、交換と「力」に関する重要な認識にいたる第一歩が阻まれたのである。／確かに、そのような力を霊的な力として説明するのは、科学的とは思われない。が、霊のように見える力が存在するということも、非科学的である。それは、それ以上の探

究を閉ざしてしまうからだ。要するに、マルクスが「物神」の力に言及することで開いた認識の可能性が、霊といえば嘲笑する〝科学的〟な頭をもった人たちによって閉ざされてしまったのだ。／ところで、交換から霊的な「力」が生じるという事態は経済的次元に限られるものではない。経済的と区別される、政治的・宗教的な次元についても、同様のことがいえるのだ。たとえば、国家の「力」を考えるとき、われわれは、それを交換から生じる霊的な力としてとらえた思想家がすでにいたことを想起すべきである。それは『リヴァイアサン』を書いたホッブズである。リヴァイアサンとは、海の怪獣、つまり、物理的に存在しない霊的な存在である。〉

　科学とは体系知（Wissenschaft）を意味する。啓蒙的理性によって理解可能な分野のみを科学的とするのは、知の世界にある残余の部分を切り捨ててしまうことだ。究極的には言語化できない事柄についても言語化する「不可能の可能性」を追究することが神学方法論の基本にある。霊のように見える力が存在するという事実を否認せずに追究を続けるというマルクスとそれを継承した柄谷氏の方法論は神学との親和性が高い。交換様式Dの共産主義にしても「不可能の可能性」に挑むことなのだと思う。そしてこの可能性は、人間の理性によって構築できるものではない。外側から到来するものなのである。この到来の

時の徴《しるし》をつかむためにわれわれは常に目を覚まし、耳を澄ましていなくてはならない。人間が交換様式Dが実現する社会を構築することはできない。そのような世界は必ず到来する。その希望を維持しつつ、「待ちつつ急ぐ」あるいは「急ぎつつ待つ」ことが重要なのだ。キリスト教神学が説く千年王国の到来への確信を柄谷氏は別の言葉で述べているように思える。

柄谷氏の宗教改革理解は通説と異なるが、強い説得力を持つ。一般に宗教改革のきっかけとなったのは、１５１７年にドイツのカトリック司祭マルティン・ルターが贖宥状《しょくゆう》（いわゆる免罪符）の販売に反対する「95箇条の論題」を発表した出来事ととらえられている。しかし、柄谷氏は、カトリック教会の枠内で起きた14世紀イングランドのジョン・ウィクリフ（ロラード派）、15世紀チェコ（ボヘミア）のヤン・フス（フス派）の宗教改革と16世紀のトマス・ミュンツァーの宗教改革急進派の連続性を重視する。

〈ドイツにおけるこのような宗教改革の問題は、もともとイギリスに始まるものであった。それはイギリスで封建制経済の解体がつとに進行していたからである。先ず一四世紀にウィクリフの宗教改革があった。この千年王国運動は弾圧されたが、大陸に伝わって、ボヘミア（チェコ）のフス派の運動となった。ルターの宗教改革もその余波だといえる。例え

ば、ウィクリフが、またそれに倣って、フスが聖書を俗語に翻訳したように、ルターもドイツ語に訳した。それによって、今日の英語、チェコ語、ドイツ語がそれぞれ形成されたのである。／しかし、ウィクリフやフスの宗教改革をドイツで継承したのは、ルターではなく、ミュンツァーである。彼はもともとルターの影響下にあったが、フス派の千年王国運動を知って震撼され、ルターから決別した。ある意味で「ドイツ農民戦争」は一世紀半前のイギリスに起こったことの反復であったといえる。〉

柄谷氏の宗教改革観は、チェコのプロテスタント神学者アメデオ・モルナールやヨゼフ・ルクル・フロマートカと共通の了解の上に立っている。交換様式Dという観点からは、国家（交換様式B）との結びつきが強いルターよりは、ウィクリフ、フス、ミュンツァーの方がはるかにイエスの教えに（揚棄した上で）回帰しているのだ。

『力と交換様式』では、柄谷氏が20世紀後半の日本で知的に強い影響を持ったマルクス経済学理論とマルクス主義哲学理論と格闘した結果について、抑制された語調で記されている。『資本論』解釈について、柄谷氏は宇野弘蔵氏の影響を強く受けている。

〈『資本論』の特異性に気づいたのは、経済学者宇野弘蔵である。たとえば、彼は価値形態から出発して、貨幣や資本の謎を解明しようとした。彼はまた、『資本論』を経済原理

論と見なし、資本主義経済の歴史的段階を、国家が関与する「経済政策」において見ようとした。その意味で、私の交換様式CとBを区別する考えは、宇野から学んだといってよい。〉

もっとも柄谷氏は、宇野経済学方法論（経済哲学）の基礎に据えられている原理論（経済原論）―段階論（経済政策論）―現状分析という「宇野三段階論」を取らない。資本主義の発展を世界システムとの文脈でとらえている。この点では宇野派から出発しつつ、段階論を否定し、世界資本主義論を展開した鈴木鴻一郎氏、岩田弘氏の世界資本主義論と親和性が高い。ちなみに本書において柄谷氏が引用する『資本論』の邦訳は、一般に用いられている岩波文庫版（向坂逸郎訳）、国民文庫版（岡崎次郎訳）、青木文庫版（長谷部文雄訳）ではなく、註を割愛した中央公論社の世界の名著版（鈴木鴻一郎ほか訳）を用いている。

もう一人は、疎外論から物象化論という方法論的転換がマルクス主義にとって死活的に重要であるとの説を唱えたマルクス主義哲学者の廣松渉氏だ。

〈フォイエルバッハの疎外論に依拠していた初期マルクスの考えは、一九二〇年代に発見されたものであり、一九五〇年代には、スターリニズム批判の要として注目された。それに対して、フランスでは、ルイ・アルチュセールが、初期マルクスと史的唯物論のマルクスの間に、「認識論的切断」を見いだした。日本では、廣松渉が、初期マルクスの疎外論

を批判し、それが史的唯物論によって乗り越えられたこと、そして、その際、エンゲルスが先行したことを強調した。また、廣松はその後、「物象化」をより広く深く考察するようになった。しかし、彼の「物象化」論はむしろ、鈴木大拙・西田幾多郎の仏教的哲学を受け継ぐものであった。つまり、キリスト教とは異なるタイプの〝神学〟に帰着したのである。〉

　廣松氏の業績について、柄谷氏は仏教的哲学によるマルクス主義解釈と突き放している。なお『力と交換様式』によるマルクス／エンゲルス『ドイツ・イデオロギー』の邦訳引用は、廣松氏が編纂した岩波文庫新版ではなく、廣松氏が事実上の偽書に等しいと断罪したアドラツキー版を底本とする岩波文庫旧版（古在由重訳）を用いている。こういう細かい箇所に柄谷氏の廣松氏に対する評価が現れている。

霊の力はどこから来るのか

鹿島茂

本書の書評を書くために『世界史の構造』を読み返したが、あらためて二十一世紀に最初に現れた偉大な思想書であると感じいった。すると、まさにそのタイミングで著者が哲学のノーベル賞であるバーグルエン哲学・文化賞を受賞したというニュースがネットに流れた。バーグルエン哲学・文化賞審査委員の人たち、さすがによくわかっている。

私もまた、世界史解釈のために四つの交換様式「A 互酬（贈与と返礼） B 服従と保護（略取と再分配） C 商品交換（貨幣と商品） D Aの高次元での回復」を考え出した『世界史の構造』一篇だけでも著者はこの賞に値する思想的巨人だと思うが、ではキャッチコピーに「柄谷行人の全思想体系の核心を示す」と謳われた本書はいったい『世界史の構造』をどのようなかたちで発展させた本なのか？

「序論」でまず強調されるのは、どのタイプの交換様式においても、交換に関与する人間や共同体の意志とは関係なく現れてくる「力」が存在しているということ、およびその「力」を最初に発見したのは『資本論』におけるマルクスであるということだ。

「彼［マルクス］がここに見たのは、商品交換において、『人間の頭脳の産物』であるにもかかわらず、『固有の生命』をもち人間を強いる『力』が存在するという事実である。それがマルクスのいうフェティシズムである。彼がそう述べたのは、それをたんに幻想や迷妄として批判するためではなかった」

　貨幣はそうした物神性が発展した形態（貨幣物神）であって、最終的に、物神性は資本物神に宿ると論じたのが『資本論』なのであるが、ルカーチのようなマルクス主義者はこの物神性という考えをたんなる言葉のあや、冗談だと考えて真面目に検討せず、「物象化」などという言葉でこれを説明しようとした。ところが、実際には、マルクスは交換において生れる物神性という観念の力を確信していたばかりか、交換様式に伴う物神性こそが経済的下部構造を支え、さらには、上部構造をも支配する要因であると見做していたのである。

「マルクスは『資本論』において、そのことを明らかにした。すなわち、資本の物神性を明らかにしたのである。それは、物質的に見え、またもっぱらそのように理解されてきた市場経済が、観念的な『力』によって仕切られた場であることを示すものだ。同じことが他の領域、たとえば共同体や国家に関してもいえるはずである。つまり、マルクスが『資

本論』で考察したのは交換様式Cだけであるが、それ以外の交換様式、たとえばAやBについて考える鍵をそこに見いだすことができるのだ。いわば『資本論』を〝導きの糸〟とすることによって、史的唯物論の公式では〝政治的・イデオロギー的上部構造〟として棚上げされてきた諸問題を解明することができる。いうまでもなく、それらを経済的下部構造としての交換様式から見直すことによってである」

　これが本書の執筆意図である。換言すればマルクスが『資本論』でやり残したことを『資本論』を〝導きの糸〟として著者自らが仕上げるというのが執筆の動機なのだが、著者によれば、それはほかならぬマルクスが取り組もうとして果たせなかった仕事なのだという。すなわち、マルクスは『資本論』第一巻を刊行したあと、エンゲルスの再三の要請にもかかわらず、続編の完成に取り掛からず、モーガンの『古代社会』を熟読して詳細なノートを取っていた。なんのためかといえば、晩年のマルクスは、共産主義は古代氏族の自由、平等および友愛のより高度な形態における復活となるだろうというモーガンの考えに深く共鳴して、社会構成体の歴史を生産様式ではなく交換様式から見ようとしていたからだ。

　そういえば、と著者は想起する。マルクスは『資本論』第一巻において、こうした交換

において生まれるフェティシズム（物神性）の「力」は交換が「共同体が他の共同体または他の共同体の成員と接触する点に始まる」と述べているではないか？　もちろん、この共同体とは、ホモ・サピエンスが遊動的狩猟採集生活をやめて定住生活を開始したときの原始共同体を指している。

「共同体と共同体の間での交換、つまり、見知らぬ者との交換においては、それを可能にする『力』が不可欠なのだ。マルクスはそこに、見知らぬ者同士の交換に保証を与え、また拘束力を与える霊的な力を見出した」

　このように、もし交換の起源が定住化した原始共同体にあるとするなら、そこにおける交換様式Aを再検討してみる必要があるのではないか？

　というのも、定住以前の遊動的狩猟採集民も交換はしたが、それは臨時的なものにすぎず、どうしても必要なものがあれば、集団として移動したはずだからである。また、獲得した獲物や採集品は貯蔵できないからその場で平等に再分配した。だが、定住後は、その地域では確保できないものが出てくるから、どうしても交換をせざるをえなくなる。しかし、交換の相手は他の共同体の見知らぬ者なので強い抵抗が生まれる。では、そうした抵抗を押し切って、彼らは交換に踏み切ったのか、あるいは彼らをしてそうせざるをえなく

させたものはなんなのか？

　こうして、第一部第一章の「交換様式Ａと力」では、初期定住民における交換様式であるＡ（互酬交換）が徹底分析される。この互酬交換の開始には霊の力が働いていると考えたのがマルセル・モースだが、著者は、他の研究者の批判にもかかわらず、モースがハウと呼ばれる交換の霊力に注目したことを高く評価する。というのも、モースだけが贈与交換がどのようにして生まれたかを問うた研究者だったからだ。

「これ［交換様式Ａ（贈与交換）］はたんに人々の合意や協力によってできたのではない。つまり、人々の『意識』によるのではない。もしそうであれば、交換は成り立たなかっただろう。それを成り立たせたのが、各人の意志を越えた『霊』の力である」

　だが、いったい霊の力とはなんなのか？　まさか著者はオカルティズムからこれを説明するのではあるまい。

　著者がこの難問を解くのに召喚したのは、意外にもフロイトの『トーテムとタブー』である。すなわち、兄弟たちによる「原父」殺しからトーテミズムが生まれたという前期フロイトの学説であるが、著者は何ゆえに、すでに人類学者たちから完全に否定されているこのフロイト説を持ち出したのか？　それはトーテミズム理論はそれ自体ではナンセンス

だが、これを後期フロイトの「死の欲動」理論、すなわち単細胞の結合からなる有機体から無機質であった状態に戻ろうとする欲動に当てはめて、その特徴的なあらわれである「反復強迫」と組み合わせてみると、そこには霊の力を説明できる論理が生まれてくるからである。

「人類社会の初期は、遊動民の社会であった。それは、フロイトの言い方でいえば、原遊動民の『無機質』の状態である。私はそれを原遊動性（U）と呼ぶことにする。だが、人類が定住したのち、さまざまな葛藤と対立が生じた。それを解消したのが、交換様式Aである。それは、フロイトの言葉でいえば、『忘却されたものの回帰』として生じた。それは反復強迫的である。ただし、『忘却されたもの』とは、殺された原父ではなくて、原遊動性（U）である。それは定住後に失われたが、消滅したのではない。それは、贈与交換を命じる霊としてあらわれた。それによって、原父のようなものの出現を決して許さないような兄弟同盟（氏族社会）が作り出されたのである」

ちなみに、「忘却されたもの」が反復強迫的にあらわれる原遊動性（U）とは、原遊動民たちが手放そうとはしなかった、いつでも集団を抜けて移動できる自由、および成員によって獲得された食料は寄託されて平等に再分配されるという平等性である。互酬という

交換様式Ａは、原遊動民の特性であった「自由」と「平等性」を反復強迫として外側から定住民に強いて交換様式Ａへと向かわせる「霊」として生まれたのである。

この視点は、じつは『世界史の構造』ですでに明らかにされているものだが、本書ではそれが特別に重要な意味をもってあらわれている。というのも、抑圧された原遊動性の反復強迫的回帰というこの視点は交換様式Ｂ、Ｃ、Ｄの成立を説明する強力な思想的武器となっているからだ。

たとえば「服従と保護（略取と再分配）」の交換様式Ｂだが、常識的に考えると典型的な交換様式Ｂに相当すると思われる中世のゲルマン的封建制社会は、じつは交換様式Ｂの優位のもとに交換様式Ａが強く残存した「首長制社会」にすぎず、交換様式Ｂの「国家」ではなかったという。それは古代中国の封建制についてもいえる。

「交換様式でいうと、封建制では、支配―服従の交換様式Ｂでありながら、交換様式Ａにあった互酬性（双務性）が色濃く残っている。つまり、主人も服従する者に応える義務がある。この関係は、いずれかがその義務を果たさなければ、終わってしまう。（中略）

古代中国の例が示すのは、封建制が集権的な国家の成立を妨げるものだということである。そこでは、部族社会にあった原理が存続した。交換様式でいえば、Ａが濃密に残存し、

それがBの決定的な優越を許さない。後者が文明であるとしたら、前者は未開である。その意味で、ゲルマン社会には〝未開性〟が残ったままであり、それが国家の形成を妨げたのだ」

では、交換様式Bの優位が確立するのはいつかといえば、古代中国では秦の始皇帝による帝国、すなわちウィットフォーゲルのいう「アジア的専制国家」が成立したとき、またヨーロッパではイギリスやフランスで絶対王政が出現したときである。王権と都市ブルジョワが結託して封建領主の勢力が抑圧されて交換様式Cが拡大する一方、王の体に触れると瘰癧《るいれき》が治るというたぐいの「王の奇蹟」が民衆の間に広まって、民衆たちが自発的に王に服従する臣民（subject）に変わったこと、すなわち交換様式Bが定着したからである。

国家が成立するには、軍事的制圧が必要だが、それだけでは長持ちしない。支配を受けている民衆が自発的に服従するような霊的な力が必要なのである。その「王の奇蹟」による霊的な力が交換様式Aの霊的な力を上回ったときに、民衆は自発的に服従し、国家が成立する。ただし、交換様式Bにおける王の霊力はカリスマ的ではあるが、オカルト的ではなく、あくまで交換によって生じる力なのである。

「国家の成立にとって必要なのは、奴隷ではなく、いわば〝自発的に服従する奴隷〟、つ

まり、臣民（subject）である。服従する者が自発的にそうするのは、それによって得をするからだ。いいかえれば、それは、支配することと自発的に服従すること、あるいは収奪されることと保護されることとの『交換』である」

しかし、ここで疑問が生じる。民衆が服従と支配の交換に応じるにしても、前提が必要ではないか？　つまり交換に応じたほうが得であるとするなら、「何よりも得なのか」という疑問が立てられなければならないが、それは「戦争よりは得」という理由以外にはない。じつは、交換様式Aが強く残存する封建社会では互酬というポジティブな面（友好）がある代わりに、ネガティブな面として首領制国家間で戦争が頻発し、国家の形成をさまたげていたのであるが、民衆にとって、この戦争ほど回避したいものはなかった。だからこそ戦争よりは、保護を与えてくれる王への自発的服従を選んだのである。

「国家は、氏族社会あるいはその拡張である首長制社会の内部からは出てこない。つまり、国家の王は首長のたんなる延長ではない。それはいわば、『契約する人々の個別的な利害のはるか上空にそびえたつ第三者』である。それが、氏族社会や首長制社会がもたらすような戦争状態を終結させる『力』をもつ。それは、霊的な力である。したがって、ホッブズは、それを海の怪獣リヴァイアサンと呼んだのである」

　引用の最後にあるホッブズに注目しよう。なぜなら、著者によれば、ホッブズに影響されて、リヴァイアサンに相当する「力」が貨幣に宿ることで交換様式Cが成り立ったと考えたのがマルクスだったからである。つまり、マルクスは『資本論』のそもそもの発想をホッブズの『リヴァイアサン』に仰いでいるのだ。

「貨幣は商品世界における主権者として、特別の力をもつ。マルクスはそれを『物神』（フェティシュ）と呼んだ。それは、ホッブズが国家に見出した怪獣に対応するものだ。その意味で、彼はホッブズの『リヴァイアサン』がはらむ認識の可能性を引き出したといってよい。（中略）マルクスは、いわばホッブズに立ち戻って、それ［貨幣の力］を商品たちの『社会契約』から説明しようとした。貨幣のもつ『力』は、そこに存する。ゆえに、われわれはこういってもよい。国家が交換様式Bによって成立したように、貨幣は交換様式Cによって成立した、と」

　ことほどさように、世界史は交換様式A、B、Cが生み出すある種の霊力によってパラダイムシフトするのだが、では、著者がいまだに到来していない交換様式と認めるDにおいてはどうなのか？

　しかし、その前に交換様式Dとは何かを確認しておこう。

「社会構成体は、Ａ、Ｂ、Ｃの交換様式の結合体としてあり、どれがドミナントであるかによって、歴史的段階が区別される。そして、Ｄは、Ｃが支配的となる資本主義社会のあとで出現するような社会の原理だといってよい。しかし、それはたんに生産力が進んだ段階で出現するというようなものではない。Ｄはいわば、ＢとＣが発展を遂げた後、その下で無力化したＡが〝高次元〟で回帰したものだ」

著者によると、高次元でのＡの回帰であるＤは、普遍宗教であるゾロアスター教、キリスト教、仏教などにおいて「強迫的」に到来しそうに見えたが、しかし、それらの宗教が交換様式ＢやＣに押さえ込まれて帝国の宗教となった時点でＤであることをやめて、ＢやＣに転化してしまったという。本書では、『世界史の構造』を引き継いだかたちで、これらの普遍宗教が交換様式Ｄの観点から再検討され、さらに社会主義の運動も基本的に交換様式Ｄを目指したものと解釈されて第四部「社会主義の科学」で最晩年のマルクスの思想をたたき台にしてもう一度検討されるが、そのときに強調されるのは、Ｄはいわば反復強迫的に「向こうから来る」ということである。

「重要なのは、Ｄは人間の意志あるいは企画によって到来するものではない、ということである。それはいわば『向こうから来る』」

だから、交換様式BやCの揚棄を目指して、交換様式Aに依拠する対抗運動を作り出そうとしても、それが「意志的」である限り、その対抗運動はローカルなものとしては可能だが、交換様式BやCを揚棄するようなものにはなり得ない。

「交換様式でいえばBやCを揚棄することはできないのだろうか。できない。というのは、揚棄しようとすること自体が、それらを回復させてしまうからだ。唯一可能なのは、Aにもとづく社会を形成することである。が、それはローカルにとどまる。BやCの力に抑えこまれ、広がることができないからだ。ゆえに、それを可能にするのは、高次元でのAの回復、すなわち、Dの力によってのみである」

だが、交換様式Dは反復強迫的に「向こうから来る」以上は、われわれにはまったく手の打ちようがないということになる。

しかし、こうした最終的確認を経ても、著者はまだあきらめない。なぜなら、カントが『永遠平和のために』で提起した「世界共和国」の理念には「向こうから来る回帰性」のようなものを見て取れるからだという。

「カントの考えでは、諸国家の連合（アソシエーション）は、人間がその意志によって作るようなものではないし、また、その意志によって斥けられるようなものではない。それ

を作る主体は『人間』ではない。といっても、『神』でもない。それは、人間であり、同時に、人間が意識しないような何かである。それをカントは『自然』と呼んだ」

もちろん、このカントのいう「自然」こそが著者が反復強迫的に「向こうから来る」という交換様式Dにほかならない。

さて、以上、私なりに本書を要約してみたが、しかし、交換様式Dの可能性として、結論部分で著者が言及していないにもかかわらず、本書の中にはしっかりと書き留められているものがあるような気がする。それは、初期定住民に交換様式Aを外側から強いたものとして著者が強調している「原遊動性（U）」である。というのも、「原遊動性（U）」は「向こうから来て」交換様式Aを発動させたのだから、その交換様式Aの高次元での回復であるはずの交換様式Dにおいてこれが強く作用していないはずはないからである。

では、この「原遊動性（U）」が反復強迫的に「向こうから」回帰してくる兆候は現在の世界には存在しないのか？

私はあると思う。それは先進国における人口減少と、発展途上国における人口爆発である。この二極化現象は現在、南北問題と結びついてむしろ交換様式Cの問題となってあらわれている。すなわち、先進国における労働力不足を発展途上国からの移民で補うことで

解決しようとするため、現象的には賃金格差の拡大としてあらわれている。明らかに交換様式Cである。だが、従来の交換様式Cとは異なる要素も含まれているように思う。それは移民には、原遊動民にあったような「いつでも集団を抜けて移動できる自由」があるからだ。いずれ先進国では労働力不足から移民の奪い合いとなるだろう。そうしたら、今は「いやなら出て行け」といわれている移民は「はい、そうします」と出ていってしまうことになる。つまり、「原遊動性（U）」の回帰である。その回帰が果たして大破滅を招くのか、それとも高次元での原遊動性（U）の回帰として交換様式Dを導くのかは誰にも予言できないが、それが人間の力や意志ではどうにもできない、カントのいう「自然」であることは確かなのである。

あとがき

私は二〇二二年の秋、『力と交換様式』(岩波書店)を刊行したが、これは、私にとって、いろいろな意味で特別な本である。二〇世紀末に着想して以来、私は交換様式について、さまざまな形で、修正を繰り返してきた。それが、ここで、一応完成をみたといえる。

しかし、ふりかえれば、これほどまでに執筆の過程で難航した仕事はなかった。ただ、この間に、私は孤立していたわけではない。むしろ、この仕事の成就を期待する人たちに囲まれていたといっていい。そして、私は彼らの要請に応えるため、一先ず草稿を書き終えた時点から、インタビューや会議などに応じることになった。本書には、それらが収録されている。また、ここには、「文學界」(二〇二三年二月号)に掲載された『力と交換様式』への書評も収録されている。その意味で、本書は〝共著〟である。

さらに、本書が文春新書から出ることに関して、記しておきたいことがある。私は『力と交換様式』を執筆中に、コロナ禍のせいでもあるが、三年あまり家にこもり、執筆の合間に、近隣の多摩丘陵を歩き回る日々を送るようになった。その間、私は、かつてその辺

りを歩き回っていた柳田國男のことをあらためて考えた。『力と交換様式』では言及していないが、私の考えの核心の一端は、実は、柳田に負うところが大きい。私は若い頃から柳田については何度も書いてきたが、その中に二〇一四年に出版した『遊動論　柳田国男と山人』（文春新書）がある。本書が同じ文春新書から出る巡り合わせを、喜ばしく思う。

本書に収録されている記事ができる過程では、多くの方のお世話になった。いつも私の仕事を深く理解し、明快な記事を作って下さる『週刊読書人』の明石健五氏、『力と交換様式』をめぐる座談会に招いて下さった國分功一郎氏と斎藤幸平氏、『談』の佐藤真氏、『文藝春秋』の山下覚氏に感謝する。また、本書出版を提案して下さった、編集の鳥嶋七実氏にお礼を申し上げる。

〔シンポジウム出演者、執筆者一覧〕

大澤真幸（おおさわ・まさち）
一九五八年生まれ。社会学者。著書に『社会は絶えず夢を見ている』（朝日出版社）、『〈世界史〉の哲学　全7巻』『ナショナリズムの由来』（ともに講談社）、『不可能性の時代』（岩波新書）、『自由という牢獄』（岩波現代文庫）、『社会学史』（講談社現代新書）ほか。

鹿島茂（かしま・しげる）
一九四九年生まれ。フランス文学者、評論家。著書に『子供より古書が大事と思いたい』『「レ・ミゼラブル」百六景』『渋沢栄一　上・下』（以上、文春文庫）、『職業別パリ風俗』（白水Uブックス）、『ナポレオン　フーシェ　タレーラン』（講談社学術文庫）ほか。

國分功一郎（こくぶん・こういちろう）
一九七四年生まれ。哲学者。東京大学大学院総合文化研究科教授。著書に『スピノザの方法』（みすず書房）、『暇と退屈の倫理学』（新潮文庫）、『中動態の世界——意志と責任の考古学』（医学書院）、『目的への抵抗——シリーズ哲学講話——』（新潮新書）ほか。

斎藤幸平（さいとう・こうへい）

一九八七年生まれ。経済思想家。東京大学大学院総合文化研究科准教授。著書に『大洪水の前に――マルクスと惑星の物質代謝』（角川ソフィア文庫）、『人新世の「資本論」』（集英社新書）、『ゼロからの『資本論』』（NHK出版新書）ほか。

佐藤優（さとう・まさる）

一九六〇年生まれ。元外交官、文筆家。著書に『国家の罠――外務省のラスプーチンと呼ばれて』（新潮文庫）、『獄中記』（岩波現代文庫）、『私のマルクス』（文春学藝ライブラリー）、『交渉術』（文春文庫）、『ドストエフスキーの預言』（文藝春秋）ほか。

東畑開人（とうはた・かいと）

一九八三年生まれ。臨床心理士。白金高輪カウンセリングルーム主宰。著書に『居るのはつらいよ――ケアとセラピーについての覚書』（医学書院）、『なんでも見つかる夜に、こころだけが見つからない』（新潮社）、『聞く技術　聞いてもらう技術』（ちくま新書）ほか。

渡邊英理（わたなべ・えり）

日本語文学研究、批評。大阪大学大学院人文学研究科教授。著書に『中上健次論』（インスクリプト）、『〈戦後文学〉の現在形』（共著、平凡社）ほか、共編著に『「クリティカルワード」文学理論』（フィルムアート社）。

〈初出一覧〉

Ⅰ：著者と読み解く『力と交換様式』

賞金1億円の使い途（「文藝春秋」２０２３年４月号、改題）

講演「力と交換様式」をめぐって　國分功一郎×斎藤幸平（「文學界」２０２２年10月号）

モース・ホッブズ・マルクス（「週刊読書人」２０２２年11月11日号）

Ⅱ：「思考の深み」へ

可能性としてのアソシエーション、交換様式論の射程（「談」２０２２年３月）

講演　交換様式と「マルクスその可能性の中心」（「文學界」２０１９年12月号）

文学という妖怪（「文學界」２０２０年３月号）

Ⅲ：『力と交換様式』を読む

『力と交換様式』を読む（「文學界」２０２３年２月号）

「柄谷行人はすべてを語った」大澤真幸

「転移D——友・親・店・鬱」東畑開人

「希望の現実化のために」渡邊英理

「『不可能の可能性』の追究」佐藤優

「霊の力はどこから来るのか」鹿島茂

柄谷行人（からたに　こうじん）

1941年生まれ。東京大学経済学部卒業、同大学大学院人文科学研究科英文学専攻課程修了。69年、「〈意識〉と〈自然〉――漱石試論」で群像新人文学賞を受けデビュー。78年に『マルクスその可能性の中心』で亀井勝一郎賞。法政大学教授、近畿大学教授、イエール大学客員教授、コロンビア大学客員教授他を歴任。91～2002年、浅田彰氏らと雑誌「批評空間」を編集。主な著書に『畏怖する人間』『日本近代文学の起源』『トランスクリティーク――カントとマルクス』『世界史の構造』『哲学の起源』『遊動論』『憲法の無意識』『力と交換様式』など。22年に「哲学のノーベル賞」を目指して創設されたバーグルエン哲学・文化賞を受賞。著作は、英語や中国語、台湾語、韓国語、フランス語、ドイツ語、トルコ語に翻訳されている。

文春新書

1410

柄谷行人《からたにこうじん》『力《ちから》と交換様式《こうかんようしき》』を読《よ》む

2023年5月20日　第1刷発行
2024年2月25日　第3刷発行

著　者　柄谷行人ほか
発行者　大松芳男
発行所　株式会社　文藝春秋

〒102-8008　東京都千代田区紀尾井町3-23
電話（03）3265-1211（代表）

印刷所　大日本印刷
製本所　大口製本

定価はカバーに表示してあります。
万一、落丁・乱丁の場合は小社製作部宛お送り下さい。
送料小社負担でお取替え致します。

ISBN978-4-16-661410-3